最強股票新手入門書

方天龍的

My first book for investing

作者│方天龍

新手買股
必備速成寶典

選對股，成功了一半！股票新手看這本就對了！

瞧！大陽線之後
孕出陰線了。

先做行家，再做贏家！

在股市的投資領域中，我們常說沒有專家，只有贏家和輸家。意思是說，專家如沒有實戰經驗和體會，即使親自投入股市，仍可能失敗。既然如此，股市新手盲目跟從，豈不是更容易失敗？

筆者不敢說是專家，也不願自許為贏家，卻是道道地地一年365天都在股市觀察、走動的「行家」，相信比那些很少看盤、容易輕忽各種新規定的教授專家，更熟悉股市、更能幫助初學者。股市新手在選購初學指南的書時，應留意到書籍內容架構是否紮實並符合個人需求，這樣才能真正有效幫助讀者實際運用。

因而，本書不浪費篇幅在瑣碎的手續過程，因為「資料堆積」常是此類書籍的通病。其實，這種簡單的細節，證券商的營業員或客服中心一問就知。你只要親往開戶、買賣，就什麼都明白了，何必紙上談兵？本書較重視投資思想的啟發。雖為初學手冊，但在一些常見的議題上，也進階地提供了筆者的經驗和淺見。冀盼諸先進不吝指教！

最後，感謝漢湘文化能以全彩精印；執編的用心策劃與細心校閱，使本書更臻完美，更是居功厥偉。

方天龍

目 錄

目 錄

第三篇

選對股，成功了一半！

第四篇

K線不可怕，就怕看不懂

第五篇

活用戰略終究成為贏家

目 錄

第六篇

給股市新手的諍言

買股票，走對路很重要！

俗語說：「人兩腳，錢四腳。」股票正是一種幫助我們迅速獲利的快車。只要方向對，錢，早晚會讓我們到手的！

section

1. 股票是什麼？買它有什麼好處？
2. 如何買股票賺到錢？
3. 什麼樣的人適合買股票？
4. 什麼樣的人不適合買股票？
5. 同樣是投資，股票有何優勢？
6. 多少錢的資金可以起步？
7. 基本的風險觀念
8. 量力而為的投資鐵則
9. 不同個性應有不同的投資方法
10. 買賣股票的重要心態
11. 選對參考書，才不會走冤枉路
12. 賺差價，還是賺股子股孫重要？

股票是什麼？
買它有什麼好處？

股票是每個國家工商業繁榮之後的必然產物。

▌權利的證明

如果某人有一項很棒的專利，想把專利變成商品來銷售，由於需要的本錢太大，勢必為了集資而成立一家公司，才能大有作為。

但是，一旦公司賺錢或虧損怎麼辦？怎樣分配才公平呢？口說無憑，當然要看各人的投資金額比例，來決定每個人可以獲得的利益。於是，有人就把公司的價值分成許多份，每一份都稱作「一股」，同時把每一千股製作成一張「權證」（權利的證明），這個權證就是「股票」。

凡是持有這些股票的人都被稱為「股東」。而未滿一千股的股票，就叫做「零股」。由此可知，股票是一種有價證券，是股份公司發給投資人的「所有權憑證」。既然是股東，就有權利獲得股息和股利，並分享公司成長或股價上漲的利潤；但也要共同承擔公司運作錯誤所帶來的風險。所以，股票就像鈔票、支票與債券一樣，是每個國家工商業繁榮之後的必然產物。

一家公司發行股票以後，還可以透過審核上市或上櫃，經由公開的證券市場，向社會大眾募集資金，讓公司變得更大、更蓬勃發展；另一方面，投資人成為那一家公司的股東之後，取得了股票，就可以享有股東的權利。

▌資金運用非常靈活

買賣股票究竟有什麼好處呢？

（一）可以對抗通貨膨脹

你有沒有想過？當你小時候，吃一碗陽春麵要多少錢？現在要多少錢？你還可以問問爸媽，他們那個時代吃一碗陽春麵要多少錢？物價一比就知道，錢愈來愈薄了，這

就是通貨膨脹。如果我們只肯上班、不做額外投資，將會發現薪水愈來愈不夠用了。所以，投資股票，才可望累積較大的財富。

（二）可以很快換成現金

由於臺灣股票市場除了星期例假日外，每天都有股市，所以股票的變現性極高。持有股票者可以很快地出售股票變現，因此擁有股票幾乎等於擁有現金。

（三）可以滿足創業夢想

創業談何容易？需要經驗、資金不說，還需要勞神苦思、親力親為。自己開一家公司，年輕人未必扛得起。但是，只要懂得怎麼投資股票，就可以一圓創業的美夢，完全不必自己動手動腳、跑來跑去。只要方法對，掌握訊息、精於觀察、敏於發現，就可以在家運用網路下單或用電話和號子營業員聯絡，讓美夢成真！

（四）可以長期儲蓄致富

股票投資是一種相當簡易的儲蓄的方式，做得好甚至可以像美國投資大師把它當成儲蓄致富的工具。有人曾做過統計，巴菲特對每一檔股票的投資沒有少過八年的，這就是他屬害的地方。

他才剛剛跨入十一歲，就躍身股海，購買了平生第一張股票。到了廿七歲，他掌管的資金達到三十萬美元，甚至到那年年底還漲到五十萬美元。現年八十歲的他，更是全球首富了。他的鈔票完全都是股市中賺來的，可以說是股票投資經典的範例。

Get point!

● 別把股市投資視為賭博，因為買股票是求恆財，而不是求橫財。

● 買股票不是賭運氣，而是賭機率。運氣沒有勝算，機率卻有。

第一篇 section 2 如何買股票賺到錢？

股票賺的錢可以分為三種：配股、配息、賺股價的價差

臺灣股票一張是一千股，股票票面上是 10 元，可是行情表上的市價才是我們關心的目標。只要懂得先買後賣、買低賣高，或先賣後買、賣高買低的原則，就掌握到賺錢的機密了！

鈔票價格只有一種，股票價格卻有三種

從股票市場賺到錢，其實只要野心不大、方法對，是很容易的。首先我們要了解，股票的利潤從何處而來，才談得上如何去賺取市場的錢。

簡單地說，股票賺的錢可以分為三種：配股、配息、賺股價的價差。既然要了解「價差」何在，當然應先了解股票的價格有哪些。我們的「鈔票」只有一種價格，股票的價格卻有三種：

（一）股票的「面額」

就是股票的票面金額。從前臺灣的證券市場裡，各種股票的面額從 300 元到 1,000 元不等，例如：國泰人壽股面額 300 元、彰化銀行股 100 元、太平洋電線電纜股 50 元、台泥股 10 元、亞泥股 5 元。由於面額種類繁多，交易很不方便，所以證管會在一九七九年六月八日把面額統一規定為每股 10 元。對投資人來說，面額只是印在股票上的金額而已，沒有特別意思。

（二）股票的「淨值」

就是股票現階段的真實價值，那是從公司的財務報表所計算出來的。公司的「淨值總額」除以「發行股份總數」，就可以算出每股的淨值。

至於淨值總額，就是把資本額、法定公積、資本公積、特別公積、累積盈餘全部加起來的金額。淨值又稱為「股東權益」。淨值的高低，通常為投資人買賣股票的依據之一。淨值高、股價低的股票，

較有投資價值；相反的，淨值低、股價高的股票，較無投資價值。

（三）股票的「市價」

就是股票的市場價值，那是由買賣雙方交易所決定的價格，也是股票投資人最關心的價值。由於股票的市價起伏不定，幾乎每天都有漲跌，投資人能從中獲得差價利得，而且些種差價通常是股利的數倍，甚至數十倍，差價非常可觀。

鈔票價格只有一種，股票價格卻有三種

既然我們知道了股票價格的種類之後，我們再來看看股票的利潤從何而來。

大抵來說，不外以下兩種來源：

（一）賺取買賣股票價差

你低價所買進的股票，等它漲到高價時就賣出，這「低買高賣」的結果，即可賺到買賣股票的差價利潤。當你有信用交易資格以後，還可以在股價高時用融券賣出股票（放空），等股價下跌之後低價買回還券。這是「高賣低買」的另一種賺取差價的方法。

（二）當股東拿配股配息

當你買進上市公司的股票，成為股東之後，只要公司經營良好，你每年都能獲得該公司的現金股利（即配息）或是股票股利（即配股）。此外，當你所買進股票的這家上市公司，由於業務擴大需要增加資本時，你就有優先認購「增資股」的權利。

通常原始股東認購都以面額10元為準，而股票的市價大都高於面額，這中間的差價就可以狠賺一把了。不只如此，股票在通貨膨脹時，由於公司的資產會跟著物價上漲而調升，於是股價也會跟著上漲。同時，股東還可經由競選董監事的方式，直接參與公司的經營。

Get point!

- 投資是一個雙贏、多贏的賺錢遊戲；投機則是一個我賺你賠的零合遊戲。

- 錯過行情啟動機會的人，永遠是股市中的失敗者。

什麼樣的人適合買股票？

有閒錢又有專業知識的人，最適合買股票

有閒錢買股票、專業知識足夠的人，是適合買賣股票的族群。此外，即使缺乏經驗，只要是肯用心學習、勤做功課，具備風險觀念、懂得資金控管的人，在投資領域也具有成功的潛力。

什麼樣的人適合買股票呢？

以下的條件，是買股票基本的要求：

（一）有閒錢買股票的人

其實，並非有錢人才能買股票。股票一張一千股，假如它的市價是 10 元，用現股（即不使用融資融券的信用交易，單純用現金買賣）去買，只要一萬元左右。有些股票的市價甚至還不到 10 元，只要幾千元就可以買一張了。

所以投資股票並不需要很多錢。但是，有一個前提就是：買股票的錢，最好是自有資金，並且是短期內不會用到的閒錢，千萬不可以把全家人的伙食費或小孩即將要繳付的學費拿去買股票。有閒錢買股票，萬一這筆錢被套牢也不影響過日子，這樣的人就適合買股票。

（二）專業知識足夠的人

不懂股票的人當然可以購買共同基金，把金錢交由專家操作。不過，投資過股票和基金的人都知道，當大盤重跌的時候，基金往往也照跌不誤、照樣賠錢；但是，自己玩股票，還有向自己的技術、心理挑戰的作用，即使輸了都心甘情願。何況還可以買到經驗！

基金經理人的包袱極大，操盤績效只有在大多頭的向上趨勢下才容易獲利豐厚；在股市重跌的時候，為應付投資人贖回的壓力，常常被迫要大砍股票。

而個人的投資者由於持股較少，賣股求現的動作一定比基金經

理人輕便。同時,在大多頭時期,他可以隨意選買飆股,而不必像法人一樣綁手綁腳。

有心人,就是適合的投資者

一個人到底適不適合買股票,即使不在以上所說的兩項條件之內,如果能在以下的問題回答出「是」的話,一樣算是一個「可以培養」的買賣股票適合人選:

(一)有沒有時間做功課?

在早年臺灣股票狂飆時期,許多公務員常溜到「號子」(證券商的俗稱)看盤,造成對老百姓服務品質變差的現象;工人偷偷打聽股市行情,荒廢了工作;「菜籃族」家庭主婦無心照顧小孩,提著菜籃也老往號子跑。

現在可好了,一般人都滿適合買賣股票的,因為已可以網路下單,電腦又極為普及,資訊查詢也不再需要老往號子跑!如今,各種電腦軟體逐漸被開發出來,許多人更可以從中研究技術線圖,作為買進或賣出的依據,不必再聽「明牌」或不可靠的「小道消息」,賺錢成功率也提高了。

(二)能否忍受較大風險?

一般來說,年齡愈大,愈不能背負風險;年齡愈輕,愈能承擔風險。年輕人的「心臟」也比較強一點,遇到恐怖的「崩盤」也有較大的忍受能力。同時,他們也有上班賺錢的機會,受災的恢復能力一般都比年長者強。

但是,年長者也不必灰心,因為你對股市的理解能力應該比年輕人強,懂得適當時機進出股票,懂得保守面對行情,所以只要你努力研究股票的專業知識,多思考、多驗證,應該可以有反敗為勝的機會。所以,也不必小看自己!大抵來說,家庭收入愈多,承擔風險的能力愈大;收入愈低,承擔風險的能力愈小。

Get point!

- 手中有股票,心中無股價。
- 失敗之前無所謂高手。在失敗的面前,誰都是凡人。
- 好消息總是早到,壞消息總是遲來。

個性過於驕傲貪婪、股市EQ不佳、稍微小輸就如喪考妣的人，都不適合以買股票作為投資工具。年老或退休、迷信小道消息、口袋裡沒有多餘資金的人，也是不適合買股票的一群。

不懂股票，
邱吉爾一樣會翻船

一九二九年，邱吉爾的老朋友、美國證券巨頭伯納德‧巴魯克陪他參觀華爾街股票交易所。那裡緊張熱烈的氣氛深深地感染了邱吉爾。

當時他已年過五旬，但狂傲之心絲毫未減。在他看來，炒股賺錢實在是小事一樁。他請巴魯克幫他開了一個戶頭——「老狐狸」邱吉爾準備下海玩股票了。

但是，邱吉爾的頭一筆交易很快就被套牢了。這讓他很丟面子！他又瞄準了另一支很有希望的英國股票，心想這傢伙的老底我十分清楚，一定能大賺。可惜股價偏偏不聽他的指揮，竟然一路下跌！他又被套住了。

如此折騰了一天，邱吉爾做了一筆又一筆的交易，陷入了一個又一個的泥潭。下午收市鐘響時，邱吉爾嚇呆了，他幾近破產了。正當他絕望之時，巴魯克遞給他另一本帳簿，上面記錄著另一個溫斯頓‧邱吉爾的「輝煌戰績」。

原來，巴魯克早就料到像邱吉爾這樣的大人物，其聰明睿智在股市之中未必有用武之地，加上初涉股市，很可能會賠了夫人又折兵。

因此，他提前為邱吉爾準備好了一根救命稻草——他吩咐部屬用邱吉爾的名字開了另一個帳戶，凡是邱吉爾買什麼，另外一個「邱吉爾」就賣什麼；邱吉爾賣什麼，另一個「邱吉爾」就買什麼。這麼一

來，邱吉爾總算「失之東隅，收之桑榆」，勉強救回了一些資金。

邱吉爾一直對這段恥辱的經歷守口如瓶，而巴魯克則在自己的回憶錄中詳細地記述了這樁趣事。

低買高賣，銀子就從天上掉下來

邱吉爾的故事告訴我們呢？這表示，不了解股票的人不是罪惡，但如果自以為「很行」的人，即使是邱吉爾也是不適合玩股票的人。

有時候，有些人「一股腦兒」的把錢投資股票，最後卻不幸搞得「一屁股」債。這就是沒有分清楚自己是不是一個適合投資股票的人。

基本上，年老或退休的人，是不適合買賣股票的。因為他們沒有固定收入，應該加強能帶來固定短期收益的工具，例如定存。若投資股市，務必保留足夠的生活費用與醫療資金。

此外，迷信小道消息的人，也不適合買賣股票，因為不可靠的消息可能讓你致富，也可能讓你破

產。還是回歸基本面比較務實。如果你沒多餘資金，口袋裡沒有兩、三萬元的人，最好別玩股票。也就是說，沒有三個月以上生活資金的人，最好是避免投資。

不只如此，投資人的個性也很重要，稍微小輸就如喪考妣的人、股市EQ不佳、過度驕傲貪婪的人也不適合投資股票。也許這樣的人有條件玩股票，但他們的個性一定會小賺大賠、節節敗退的。

Get point!

- 情緒波動大，賺錢機會小。
- 股票市場沒有好人與壞人，只有贏家和輸家！
- 收服恐懼貪婪，股市EQ過關。

同樣是投資，股票有何優勢？

股票投資也許獲利沒有期貨大，但卻比期貨安全多了。

股票投資的獲利，平均每年大約（一）二成左右，比房地產短期收益及變現性高，比外匯交易門檻低，比基金、公債、銀行定存的收入好，比標會可靠——所有流程均採電腦作業、資訊透明。

比其他投資工具獲利高

現代人有很多的投資工具，除了股票，還有期貨、共同基金、選擇權、公債、外匯和銀行定存、民間標會、房地產等，投資工具多得令人眼花撩亂。在這些投資工具中，股票的獲利優勢算是相當可觀的。

投資股票每年可獲利多少？這很難說。在大多頭時期，很多高手都有年賺一倍的能力，可是從過去的股市成績來看，每年股票的投資報酬率大約是十八％左右。所謂「打敗大盤」，則是（二）三十％到（四）

五十％不等。隨各人的功力或運氣而有所不同。我們來看看一九八五年至一九九八年之間，投資股票的平均年報酬率為十八・七二％，那段時期中有好有壞，綜合計算是相當客觀的。

換句話說，如果你在一九八五年用一萬元投資股票，到了一九九八年資金將變成十一萬零四百九十三元，而如果當時你把一萬元放在銀行定存，到時你只擁有二萬五千七百一十六元，從這裡就可以知道投資股票的優勢了！

資訊透明，買賣有公信力

在各種投資工具的比較中，股票投資也許獲利沒有期貨大，但卻比期貨安全多了。

臺灣前財政部長郭婉容有一句名言：「股票不賣，就不會賠。」這句話雖有許多爭議，但對於使用

閒錢、小量購買股票的人來說，確實如此。我們再把股票拿來和房地產投資相比，它的優勢便是變現性高多了。除非臺股發生「崩盤」，否則隨時可以賣股票換現金，可是房地產投資卻不是說賣就立刻可以賣得掉的。有人評估房地產可能投資報酬率較高些，這也很難說，各人操盤功力不同，獲利情況也很難比較，不過就以「短期收入」來說，房地產投資確實不如股票投資。

我們再把股票和共同基金、公債來比，股票的獲利積極性自然優於後兩者。共同基金由法人操盤，以穩健為主，獲利自然不比買股票會飆；公債也是保守型投資，獲利更明顯不佳。

至於銀行定存，是初學儲蓄的人該重視的存放金錢的所在，但是如今大部分的理財專家沒有不認為「把錢放在銀行是一種絕對錯誤的理財方式」，因為利息太低了，資金有如閒置，甚至被通貨膨脹吃掉。大部分理財專家公認，把銀行定存的錢取出投入股市才是明智之舉。

不會玩股票的人固然參加標會的報酬率恐怕比買賣股票還高，但是標會沒有保障；股市的公信力極高，全部由官方透過電腦作業，資訊透明，投資買賣獲利都不會有被「賴」掉的可能。

和股票比起來，外匯投資是屬於風險較高的一種投資。股票的交易門檻也比外匯低。例如外匯保證金交易，就必須先在銀行存入一筆至少一萬美元的外幣，才夠資格交易。股票投資倒沒有太多資金的限制。

如何計算投資報酬率？

投資報酬率＝獲利÷投資金額×100％。

假設你用三萬元買進一個青花瓷古董，又用三萬九千元賣給小毛，那你的投資報酬率就是三成。

（39000－30000）÷ 30000×100％＝30%

多少錢的資金可以起步？

不管你有多少錢，切記：一定不要把你的資金一次買滿！

只要錢不是借來的，一般來說，有10萬元的閒錢，就可以在股市，和其他的股友一樣平起平坐，展露你買股票賺錢的才華了。但是，不管你有多少錢，切記：一定不要把你的資金一次買滿！

十萬元閒錢足夠了

多少錢可以起步呢？一般來說，有10萬元左右就夠了。如果要說多少錢可以買一張股票，那要看買什麼股票而定。

就以不具備信用交易資格的股市新手來說，如果用「現股」買一張「聯發科」（代碼：2454）當然不夠，因為一張就要43萬元上下。

買「台積電」（代碼：2330）也不夠，一張就要10萬多元。但是，你一樣可以和其他的股市投資人平起平坐，買其他比較低價的股票，一樣能夠賺錢。例如，買「台塑」（代碼：1301），一張大約是七萬多元；買「鴻海」（代碼：2317），一張七、八萬元；買「統一」（代碼：1216），大約一張是五萬多元。

買「中鋼」（代碼：2002），一張只要兩萬多元；買「遠百」（代碼：2903），一張也只要兩萬多元；買「中信金」（代碼：2891），一張一樣兩萬元上下；買「台企銀」（代碼：2834），一張只要九千多元；買「大同」（代碼：2834），一張只要九千元上下；買「中工」（代碼：2515），一張只要八千多元。

以上的股票購買價格，只是隨便舉例而已，事實上，股價起起伏伏，是會變動的。同時，股價低的股票確實很多，一張股票不到一萬元的「水餃股」（意即低股價的股票）更多。但是，選股時也要注意，股價低不見得就是好股票，只

是你買得起而已。但不論如何，只要你有 10 萬元的閒錢就可以開始在股票市場打天下了。

資金多不多，與你操作習慣有關

然而，你所持有的「可以購買股票的閒錢」到底算多還是算少，也跟你的操作習慣來比較，才能做判斷。如果你是一個買股票一次就把所有的錢買光的人來說，你的錢就是有 100 萬元，仍然嫌少。

資金的管理和運用，在股票操作習性上，也有一部分是決定你成敗的關鍵。用「金字塔買賣法」、「分批買賣法」等技巧，你的錢就會比較充裕。千萬要記得：「保本」為賺錢之母。

進股市還沒想贏之前，就應先評估自己能輸多少。那麼，你的風險就會因有所警覺而降低到最少的程度。既然談到資金控管，這就涉及到「持股比例」的問題了。

什麼時候該投入多少資金成數，並不一定。例如大多頭時代，股價又在底部區時，怎麼買，怎麼賺，那當然要把資金的比例、成數加重投入股市，才能賺得快。但是位居空頭時期，你又習慣「作多」的話，自然要將資金盡可能地抽離股市、減碼、降低持股比例了。

所以，你的資金絕對不可全部投入股市，手上必須預留部分現金，萬一套牢時，才有「加碼攤平」的「翻身」的機會。當然，什麼時候可以「加碼攤平」、什麼時候會「愈攤愈平（貧）」，那又是另一門學問了。

Get point!

- 永遠以初學者的心態進入股市，步步謹慎才能成為股市的長青樹。

- 股市可以投資或投機，但絕不可以視同賭博。

基本的風險觀念

股市有風險，入市要謹慎。

股市的錢，來得快也去的快。美國股票大亨賀希哈說：「不要問我能贏多少，而是問我能輸得起多少」。投資股票最要緊的是，要從風險中吸取教訓。

做好投資的心理準備

如果你在大陸的股票市場逛逛，可以發現他們的號子（證券商）到處都有一句標語：「股市有風險，入市要謹慎。」意即股市的波動變化比較快，或許現在你賺錢，可是，說不定下一分鐘你就賠錢了。

也就是說，風險極大。所以，要想玩股票，就要先做好各種突發事情的心理準備。大陸的股市起步比臺灣晚，可說是以臺灣為借鑑的最好說明了。

從一九九一年之後才投入臺灣投市的投資人，因為從未遭遇崩盤，所以不會知道股市崩盤的可怕。一九二九年美國華爾街股市大暴跌，殷鑑不遠，臺灣也出現一次最典型的股市崩盤，那就是一九九〇年二月的大崩盤了。

從一九八七年開始，臺灣股市的情況跟華爾街股市一樣，在各種利多刺激之下，加權股價指數從一千點起漲，到一九九〇年二月為止，持續了三年多的多頭行情，指數漲升到一萬兩千六百八十二點，股價漲幅高達十二倍之多。

最後，股價從最高點暴跌下來，不但結束了三十八個月的多頭行情，股價暴跌了八成，跌到那一年十月的兩千四百八十五點，同時開始走了一整年的空頭市場。

許多投資人在大暴跌中，家破人亡，妻離子散，情況非常悲慘。當然，臺灣大大小小的崩盤不只一次，在這裡不再多說，但我們一定要讓股市的新手深切了解才好。

了解投資股票的風險

到底投資股票，有哪些基本上的風險呢？大致可簡述如下：

（一）價格的風險

股票投資有損失股利及股價下跌的風險。如果你投資的公司營運不佳，很可能就分配不到股利。從另一個角度來看，你同時也損失了向銀行收取利息的機會，這就是損失股利的風險。至於股價下跌的風險，也就是你所購買的股票，由於種種因素造成股價下跌，而你又必須在此時將股票賣出，那就會損失股票差價。

（二）變現的風險

股票投資還有「變動性」的風險，也就是說它的變現速度出了問題了。簡單地說，就是把股票換成白花花的鈔票的速度。因為有時碰到跌停板就賣不掉了。不過，幸好它在各種投資工具中並非變現速度最慢的一種：

（三）被倒的風險

被倒的風險，是指券商倒閉或營業員捲款潛逃的風險，這些都會造成投資人的損失，慶幸的是臺灣券商倒閉的風險性比起美國要低多了，不過投資人還是要慎選證券商及營業員，以免戶頭被不肖的業者盜用，惹上一身的麻煩。有些不肖的營業員甚至把人頭戶借給主力炒作股票，非常危險。如果主力炒作失利，違約交割的責任在你！所以，即使你是「懶人投資術」的信奉者，也要偶爾關心一下你的帳戶有沒有被不當利用。

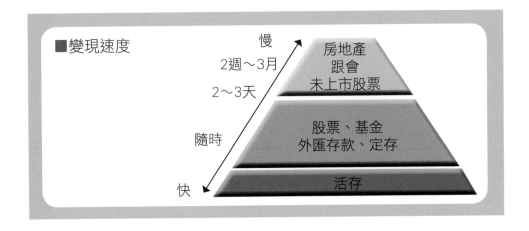

■變現速度

慢　2週～3月　2～3天　房地產　跟會　未上市股票

隨時　股票、基金　外匯存款、定存

快　活存

量力而為的投資鐵則

買股票是一種理性的行為，一定不要逞強。

股票的操作愈輕鬆、愈沒有壓力，愈容易成功獲利。凡是資金不多，妄想以小搏大；技術不高，卻想玩當沖或多空雙向操作的人，到頭來，不僅容易喪失基本的信心，還可能傾家蕩產！

投資股票，不要過度樂觀

買股票是一種理性的行為，一定不要逞強。人類的天性經常會偏袒樂觀者，因為樂觀可以給人帶來愉悅的感覺，做一個生活中的樂天派，並沒有什麼壞處。

至少樂觀可以讓我們從容地面對現實，尤其是在不如意的時候，樂觀是擺脫痛苦，甚至是擺脫困境的好夥伴，不過，運用到股票風險的問題上面，可就要警惕自己不要過分的樂觀了。

凡事都應「做最壞的打算」，因為投資不當很可能是一種危險的心理狀態下的產物。任何風險遊戲都可以演變出不同的結果，有好的，也有壞的，你不要指望永遠占到好的一面，而遠離不好的另一面。

我們股市新手在投資股票上，「保利」、「停損」應該是當務之急！哪怕是放棄最後瘋狂的一點點利潤，也不要「在山頂上玩」（指在股市的高點或個股漲幅已大的情形下買進股票），這時候贏的概率是很低的。

即使大盤再上去了，又能如何？往上面走，到底能給你多大的空間？還有多少價差能落入你的口袋？請不要忘記：樂觀可能是我們在風險市場最大的敵人。

如果因為僅僅樂觀而忘卻了危險，遲早是要吃虧的。借用一句投資顧問的口頭禪來勸告投資人：「山頂上玩，有誰能贏？」

勉強操作，於事無補

基於量力而為的勸告，我們認為投資人應該注意以下幾點：

（一）不要借錢來玩股票

這一點，等你對股市的基本操作（包括信用交易等知識）較為熟悉之後，我們在本書最後一章會用更具經驗的實際理論，來做更深入的剖析。「不要借錢來玩股票」不是道德勸說而已，它是有更真切的理論依據的。

（二）別想多空兩頭賺錢

投資者低買高賣，做多不做空，只能一頭賺；投機者多空都做，兩頭賺。高手才能投機、多空雙向操作。在你還不十分懂得股票操作時，先把「作多」學好再說吧！臺股對於「作空」的限制極多，例如融資只要四成左右的自備款；融券卻要九成以上的自備款。這種似乎並不平等的措施，其實也是為了保護股市新手，避免其巨額的損失。

（三）穩健操作比較重要

投資者先求資金的安穩，再求投資報酬；投機者主要追求最大投資報酬，再求資金的安穩。前者低風險、低報酬；後者高報酬，高風險。股市新手應評估一下自己的實力，千萬別貪求暴利。

（四）謹慎操作當沖交易

當沖，是一種高風險、高報酬的短線交易方法。但是，如果你不懂其中的訣竅時，千萬不要勉強。不要以為「低買高賣」、「高賣低買」很容易，其實是有很大的學問的。你可以看書學一學，但不要輕易嘗試。必要時先在「紙上作業」（模擬操作）一番，等準確度高了以後，再嘗試小資金的投入，比較沒有風險。

Get point!

- 買股票如品酒，量力而為。

- 感情用事是股市中的致命傷。

- 操盤不必急躁。股市贏家一定會等待時機，市場輸家乃敗在急。

不同個性應有不同的投資方法

有道是「什麼人，玩什麼鳥」，股票市場的原則也是如此。

　　許多理財專家喜歡說「不同年齡的人，應有不同的投資方法」，這樣的說法不能說「錯」，但並不是絕對的。例如「年老或退休者適合保守投資」，固然沒錯，但也有些投資高手是既年老也已經退休了，但因為技高一籌、經驗豐富，在股市戰場也採取積極勇猛的策略，一樣游刃有餘啊！

　　所以，基本上比較正確的說法應該是「不同個性的人，應有不同的投資方法」。穩健型的投資人適合買大型股、績優股，而後長期持有；冒險型的投資人喜歡小型投機股，漲幅可觀。適合自己才重要。

　　不同個性的人，應如何採取不同的投資方法呢？以下的說明提供作為參考：

（一）績優股

　　有些上市公司營運良好，在過去幾年之中，都固定配息或配股，展望未來幾年內，公司仍能維持穩定的成長及一定的投資報酬率。這類公司所發生的股票就是績優股。穩健型的投資人可在低檔時買入績優股，而後長期持有，如此一來不僅可配股、配息並賺到價差，而且每天高枕無憂。

（二）成長股

　　有些上市公司在發展之初，業績平平，並不引人注目，但當潛力發揮出來之後，業績大幅提高，成長驚人，變成投資人爭相推出搶購的目標。這類公司所發行的股票就是成長股。近年來，有些電子股屬此類股票。成長股是投資人心中的最愛。有些有遠見的投資人，努力在家中做功課，設法找出產業遠景看好或是產品暢銷、原料看漲的股票，低檔買入等待其飆漲。

（三）資產股

　　有些上市公司擁有大量的土地資產或是眾多的辦公大樓，這類公

司所發行股票即屬資產股。有些業績不佳的資產股,常被作手用其值錢的土地當做炒作的題材。此類股票漲跌幅甚大,投機性很強,介入要特別謹慎。此類股票也是冒險型投資人喜愛的標的。

(四)大型股

這是指資本額較大的股票。有些上市公司的資本額高達百億能上能下,這類公司所發行的股票即屬大型股。穩健型的投資人適合買這類股票。

(五)小型股

這是指資本額較小的股票。有些上市公司的資本額在十億以上,這類公司所發行的股票就是小型股。冒險型的投資人偏愛小型投機股,這類股票雖然很少配股與配息,但在作手的炒作與哄抬下,漲幅可觀。一般新手介入這種股票要特別小心,以避免在高檔時慘遭套牢。

(六)熱門股

這是指交易熱絡的股票。這類股票每天的成交量都達萬張或數萬張。大部分的投資人都適合玩這一類股票,不過也要提防暴漲暴跌。

(七)冷門股

這是指交易清淡的股票。這類股票每天的成交量只有幾十張甚至只達個位數。冷門股交易清淡,不易脫手,少碰為妙。

(八)地雷股

有些上市公司營運不良,在過去幾年中,不但從未配息或配股,而且經常辦理現金增資向投資人要錢,展望未來也乏善可陳。這類公司所發行的股票原本就不容易上漲,但其投機性很強,常受到人為的炒作而上漲,所以被稱為「投機股」或「地雷股」。

Get point!

● 投機客適合操作「價值快速變動」的股票。

● 股市諺語:「有股看多,無股看空。」新手「看空」的態度,應是退場觀望,而非放空。

買賣股票的 重要心態

買股票是買未來，而不是買現在。

投資股票，不只應求「懂股票」，還應「懂自己」——懂自己的心態是否健康。不論基本面或技術面，凡是牽扯到該股票公司未來發展的，才是我們研判股價的最高指導原則。

心態第一，技術和資金為其次

投資股票必須冷靜、沉著，才能做出精確的判斷，才不會「抓龜走鱉」。

股市老手有一句名言：「心態第一，技術第二，資金第三。」意即贏家的祕訣在於心態的取勝。至於技術、資金，反而是其次的事了。

股票投資中，常因貪心不足而買不到合適價格的股票，也常因貪婪而失去理性盲目追高；更常因恐懼，而將股票賣在最低點。有時候，偶然幾次的小賺，便驕傲得恍如個中高手，不惜在高檔時仍瘋狂地押注重金，而忽略了風險。有時候，投資人也會因賠了幾次，就信心喪失得無影無蹤，甚至開始自暴自棄起來。凡此種種，都是不正常的心理，以這樣的心態投入股市，必敗無疑。

由此可見，股市的投資活動，輸贏關鍵在於能否打贏這場心理戰，以及能否戰勝自己的貪婪，戰勝自己的恐懼，戰勝自己的急躁，戰勝自己的盲從，戰勝自己的自滿、自暴自棄等。

股票的未來，決定一切

很多基金經理人為什麼要勤於拜訪上市公司？因為他們最想找出一家上市公司未來具有賺大錢的潛力。

一旦發現某家公司有轉機而消息尚未曝光，其股價就會發飆了。

最近幾年來，由於整個世界受到高科技發展的影響，人與人的互動與消費習慣都大幅改變了。正因為如此，後來許多廠商只要掛上網路概念，其股票價值就有了無限的想像空間，大家都在瘋狂追求其未來可能帶來的龐大商機。於是，所謂的概念股、轉機股一到，股價總要翻上好幾倍。

曾經有一則「股市傳奇」說：一位投資人在人情壓力下，買了10元票面的華碩股票十張，然後就出國做生意去了。等他回國後，早已忘了這事，也不知道有華碩電腦這家公司，更不知在短短幾年，華碩已變成股王了，還以為股市仍是金融、營建股的天下。

當別人向他提起華碩的奇蹟時，他直覺認為是不可思議，可是後來才猛然想到自己手中有十張，而當時股價已飆到185元了！這說明了什麼呢？買股票是買未來，而不是買現在。

選擇股票，我們通常都劃分為基本分析派與技術分析派兩大類型。基本分析派人士一向深信，任何公司的財務問題最重要。公司究竟有沒有賺錢，才是股價變動的真正因素。如果財務發生問題，投資人避之唯恐不及，哪裡還需要去了解它的股價走勢呢！

然而，技術分析派人士看法卻不一樣。他們認為公司長期財務狀況與股價短期的波動，扯不上太大的關係，股價走勢完全取決於投資人一買一賣之間的供需，而這種供需關係在技術分析的線型圖中，總是有蛛絲馬跡可以追尋的。懂線圖的人一看便知，犯不著到處去尋寶！其實，這兩種學派都有道理。我們的心態不可偏於基本面或技術面，基本上都是很重要的。

Get point!

- 不要跟股票談戀愛。
- 不為漲喜，不為跌悲，平常心操作股票。
- 頻頻換股，不如換個好心態。好心態才值得信賴。

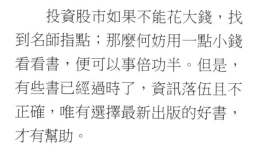

選對參考書，才不會走冤枉路

書的觀念有時也會誤導投資人，尤其是一些觀念不正確的參考書。

投資股市如果不能花大錢，找到名師指點；那麼何妨用一點小錢看看書，便可以事倍功半。但是，有些書已經過時了，資訊落伍且不正確，唯有選擇最新出版的好書，才有幫助。

學歷不必高，但學力一定要夠

世界上最會賺錢的民族是猶太人，他們有什麼賺錢理念呢？

猶太人重視知識，更重視才能。他們同時認為，學問的追求過程若少了懷疑、發問、思考、整合及創新，就不配稱為是一位有智識的人。猶太人的生存智慧是：換個角度或距離重新思考問題，就會有全新的想法及靈感出現，等找出了問題核心，他們就全力以赴，一直到成功為止。

在股市操作上，我們也應該學習猶太人的重視知識。很多人以為

「賺錢不需要學歷」，沒錯，賺錢確實不需要「學歷」，但是卻需要「學力」。君不見許多名不見經傳、也沒拿到什麼MBA或電腦碩士、博士的人在股市依然操作得很好？但是，如果你肯進一步去了解他們在股市高來高去的背後，其實都下了很大的自修功夫。

至於做什麼自修功夫呢？自然是看看有關股市的公司基本資訊、股票技術線型、投資環境解說分析的書籍或新聞。尤其是有系統講解的教材或參考書。學，然後知不足。不看之前，都以為自己很了不起，光憑那「三腳貓」的功夫就想打天下，直到看了人家寫的書，才知道該懂的還相當多呢！

請教行家，勝於請教專家

不過，書的觀念有時也會誤導投資人，尤其是一些觀念不正確的參考書。舉例來說：

（一）專家名人寫的書，未必就是正確的

很多書因為是經濟學家或電視名人寫的，大家便深信不疑了。其實，真正的經濟學家管的是大格局的經濟、景氣、幣值等的宏觀思維，他們對於小小的股市未必有所研究。所謂「術業有專攻」，我們無意輕視經濟學家，只是認為股市應請教行家、贏家，而不是專家。很多專門研究股票的人，其功力絕對高於經濟學家。

還有一些常常上電視參與座談的所謂「理財名人」，多半出身記者，也許消息面知道得很多，但是在股市的基本面和技術面，也未必有深入研究。他們打著封面印上名人相片來推廣書籍，其實很多不是親筆寫的，裡面的真知灼見就更少了。

（二）投讀者所好的書，未必能讓你賺錢

有些股市的參考書，打著慫動的主題為號召，其實內容都是似是而非的。例如過去有一本暢銷書，主張「最佳的股票投資策略：隨便買、隨時買、不要賣」，由於觀念很新，洛陽紙貴，傳誦一時。但沒多久，就有一堆民間股市高手駁斥其理論之荒謬，因為「這年頭要賺錢愈來愈難了，隨便買、隨時買、不要賣的好日子哪裡去找」。

我們看如今動輒「開高走低」的股市，「不賣」常常會後悔，不是嗎？還有些書為了討好沒時間看盤的上班族，就說「不看盤才賺得多」，諸如此類認為股票不必學習就可不勞而獲的參考書，實在令人擔心。股市功力要精進，千萬要慎選好書，才不會走冤枉路！

Get point!

- 買股票的書，第一件事就是先看看它的出版日期。

- 買股票的書，第二件事就是看看是誰寫的。相信專家名人，不如相信行家贏家。

賺差價，還是賺股子、股孫重要？

對股市新手來說，還是以長線操作投資心態較好。

　　賺差價，還是賺股子股孫重要？這個問題，如果由專家來回答，將會因投資理念的不同，而有不同的答案。但它不外源於兩個問題：

（一）是投資心態，還是投機心態

　　證券市場裡有兩種人，一種是將金錢買股票，希望短期內漲價時即可賣出；一種是買了股票以後，就一直在等候領股息。這兩種人的動機是相同的，都在追求更多的利潤。不過，前者的目的主要是在於賺差價，所以被稱為「投機」，而後者的目的卻在於賺股子股孫，於是被稱為「投資」。

　　在股市裡面，不論投機或是投資，無非追逐最大的利潤。我們也可以換由另外的角度來說，也就是：所謂投機，指的是那些在短期內買賣股票，從中賺得差價的人；所謂投資，指的是那些買進股票進行中長期投資、從中賺得股利與差價的人。所以，投資與投機最大的不同在於持股期間的長短。前者持股期間較長，最長達到數年，最短也在三個月以上；而後者持股期間較短，最長不超過三個月，最短當天就沖銷了。

　　然而，投資的英文叫做 investment，投機的英文叫做speculation，這兩個字都具有相同的含義，就是一樣帶有「風險」的意味，只是程度上的差別而已。

（二）是長線操作，還是短線操作

　　凡是主要靠股子股孫賺錢者，是長線的投資人；一心只想賺差價者，是短線的投資人。事實上，採取「長線投資」或「短線投機」來買賣股票，基本上並無好壞、對錯的問題，因為買賣股票將本求利，不論投資人運用何種方式，只要能謀得更大的利潤，那就是好的、對的，否則就是壞的、錯的。不過，根據以往的經驗顯示，如果以「投

機」心態來操作股票，用以賺取股票的短期差價的話，由於能在股價起起落落中賣到最高價，並補回最低價的投資人畢竟很少，所以，每天搶進搶出，不但傷神，而且風險大、獲利率較低，但是，真正當沖高手例外。

至於採取「長線投資」觀點，以賺取股利與差價的投資，由於持股期間較長，能在一年中最低檔的時候勇於承接，並在高檔分批出脫，他們眼光看得遠，絲毫不受每日漲跌的影響，所以其風險小、獲利率較高。

然而，投資和投機有時是很難分清的。有的人原本要作投資、賺股子股孫，不料，股價卻大漲到非常離譜，他便臨時決定賣掉，變成了投機行為。

而有的人本來要做短期的買賣賺差價，不料買了股票之後，股價卻連續下跌，如果賣出就要賠本，於是他決定不賣，經過半年股票卻突然大漲，結果他在半年後才賣掉，反而比預期的賺更多！這又變成了投資行為。所以，究竟哪一種好？得看各人的操盤功力和造化。

唯對股市新手來說，還是以長線操作投資心態較好。

Get point!

- 在股市中，愈複雜的數學公式，結論愈抽象，也愈呈現出警訊，因為操盤人想以理論代表經驗。

- 股市重視的是實戰經驗。而非書本理論。

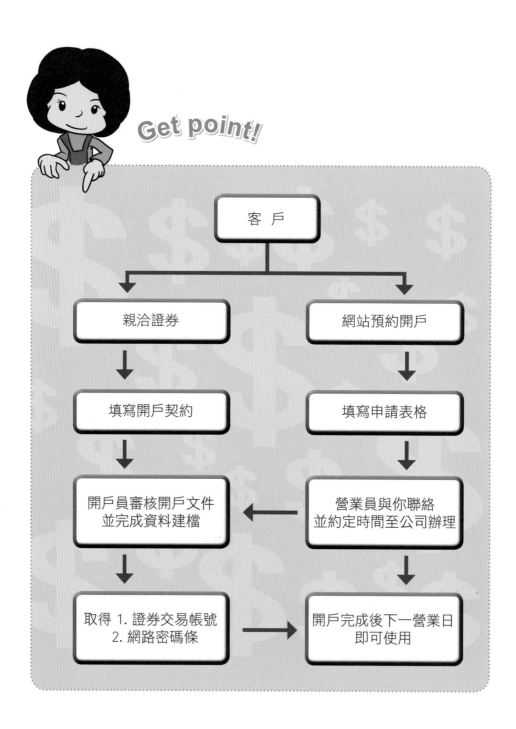

Get point!

客 戶

親洽證券　　　　　　　　網站預約開戶

填寫開戶契約　　　　　　填寫申請表格

開戶員審核開戶文件　←　營業員與你聯絡
並完成資料建檔　　　　　並約定時間至公司辦理

取得 1. 證券交易帳號　→　開戶完成後下一營業日
　　 2. 網路密碼條　　　　　即可使用

從股市開戶到成交回報

買股票,首先就要找到一家好券商,最好是大型的,同時要注意它是否信用可靠。

section

1. 如何挑選券商?如何開戶?
2. 集保存摺和款券劃撥是什麼?
3. 如何下單?如何網路下單?
4. 紅單子進,藍單子出!
5. 市價買賣和限價買賣的不同
6. 不賣股票,當股東的權益
7. 想賺差價,如何把股票賣出?
8. 怎麼知道買到或賣出多少錢?
9. 股票的計算單位
10. 發生錯誤或爭議,由誰負責?
11. 手續費、證券交易稅要付多少?
12. 如何計算賺錢或賠錢的金額?

第二篇 section 1

如何挑選券商？
如何開戶？

未成年如果沒有法定代理人的代理或允許，
是不能開戶的。

買股票，首先就要找到一家好券商，最好是大型的，同時要注意它是否信用可靠。然後前往開戶，與證券經紀商簽訂「委託買賣證券受託契約」。動作非常簡單，這是一個好的開始。

券商的可靠程度，影響深遠

買賣股票的第一步，就是要先找一家證券商開戶。俗稱「號子」的證券商可分為證券自營商、證券承銷商、證券經紀商等三種。

其中「證券經紀商」才是我們要選的對象。只有它的業務才是接受一般散戶投資人的委託，買進或賣出股票。

如何去挑選好的證券商呢？以下四點可供參考：

（一）公司信用是否牢靠？

投資人在賣出股票後，所取得

的支票是由經紀商開出的，若經紀商因經營不良或惡性倒閉，導致發生退票，那投資人就損失慘重了。

（二）服務態度是否良好？

傳統的經紀商對投資人的服務態度極差，經常愛理不理；而且有些經紀商非常現實，對大客戶比較親切熱情，對小客戶就比較冷淡了。投資人可要先清楚，以免受氣。

（三）資訊提供是否熱忱？

正確而又快速的訊息乃是買賣股票成敗之關鍵所在。因此每日開盤前與收盤後的分析、定期的演講會、週刊或月刊的贈送等，也是投資人選擇經紀商應考慮的重要因素。

（四）安全設施是否周全？

許多經紀商都設在高樓裡面，空氣汙濁、停車不便，且常因電梯不敷使用而擁擠不堪；更嚴重的

是，萬一發生火災時，數百人能否在短時間內順利地脫逃？投資人也應仔細考量。

開戶也有一些限制

找好了證券經紀商，接著就是開戶。

開戶的手續非常簡單，只要備妥身分證、身分證正反面影本三份、印章與一位介紹人，親自到經紀商處辦理即可。

需要介紹人簽名蓋章，主要是為了確保交易信用。證券經紀商要面對許多的客戶，如果沒有老客戶介紹，就無法確知新客戶未來是否能履行交割義務，所以都會要求開戶人找一位紀錄良好的老客戶當介紹人。

不過，介紹人不需負任何法律責任。有些開戶人常因找不到介紹人而無法開戶，還好，若干經紀商都會指派營業員當這些開戶人的介紹人，讓他們順利辦妥開戶手續。

所謂「開戶」，其實就是與證券經紀商簽訂「委託買賣證券受託契約」一式三份。填寫內容包括：委託人姓名、性別、年齡、籍貫、住址、身分證統一編號、電話、職業、服務機構的名稱、電話、地址、以及在服務機構中所擔任的職務；還有介紹人的姓名、住址、電話以及帳號。

投資人把這三份契約書填妥，並經自己與介紹人各別簽名蓋章後，附上身分證與身分證影本三份，送交經紀商的經辦人員。所有資料經核對無誤後，經辦人會編列帳號，並當場填製一張帳號卡交給投資人，如此，開戶的手續便完成了。

只要是中華民國的國民、年滿二十歲，就可以開戶；未成年如果沒有法定代理人的代理或允許，是不能開戶的。此外，證券主管機構（證管會）與臺灣證券交易所之職員與雇員、政府金融機構及公營事業之出納人員、宣告破產還沒復權的人、證券經紀商之股東與職員等，則因身分關係被限定不能開戶買賣股票。

集保存摺和款券劃撥是什麼？

投資人總共有兩本存摺，一本是證券集保存摺，一本是交割銀行存摺。

投資人總共有兩本存摺，一本是證券集保存摺，一本是交割銀行存摺。這是因為股票交割手續，一律用款券劃撥方式，才會安全。本節要告訴你的是一些細節問題的處理方式。

股票交割手續，一律用款券劃撥方式

劃撥交割，就是用劃撥的方式來完成股票的交割手續。投資人買進投票後，第二天要提著大筆的錢去號子辦理買進交割時，是很危險的；就是拿著支票前往交割，也要花許多時間，何況在投資人賣出股票後，第二天前往證券經紀商辦理賣出交割，也同樣麻煩。

所以，為了投資的安全與便捷，證管會就規定買賣股票款項，要用「劃撥交割」的方式來辦。劃撥交割作業之推行，必須有金融機構的配合。因為證券經紀商內設有金融機構的辦事處，投資人在該辦事處開立存款帳戶後，以後買賣股票款項之支付或收入，可自該存款帳戶撥付或存入。劃撥交割除了有方便與安全的好處外，金融機構受託代辦買賣股票款項之劃撥交割業務，一律免費服務；而且支付買進股票的款項可慢一天。

依規定，投資人買進股票後，必須在第二天（即成交日的隔一天交易日或營業日）上午十二時前，以現金或當日支票支付應繳股款。而投資人利用劃撥交割時，假如存款帳戶內有足夠支付股款的餘額，那麼銀行會在成交日的第三交易日（或營業日）才從中撥付。如此一來，支付款項的日期，就慢了一天。

辦理劃撥交割的開戶手續很簡單，投資人只要在營業日的上午九時至下午一時，攜帶身分證與印章，前往設在證券經紀商內的金融機構辦理即可。

證券集保存摺的
各項細節說明

投資人總共有兩本存摺，一本是證券集保存摺，一本是交割銀行存摺。其中的「證券集保存摺」，是記錄你買賣股票的交易內容及股票庫存，在週一至週五上午八時到下午四時，可到全省任一家元大證券補摺。

另一本的「交割銀行存摺」，是記錄你買賣股票的交易金額及結餘金額，可到交割銀行營業時間內補摺。萬一集保存摺遺失怎麼辦呢？本人要在週一至週五上午八時到下午四時攜帶身分證正本、原留印章至原開戶的證券公司辦理補發。

至於如何補登集保存摺呢？也是在同一段時間，攜帶集保存摺到該證券公司全省的任一家分公司辦理。集保股票如果要領回，怎麼辦理呢？請本人在週一到週五上午八時到下午三時卅分，攜帶身分證正本、原留印章、集保存摺及相關費用（整張不收費，零股每張40元），到原開戶的分公司辦理；如果需委託他人代辦，也請委託人填

寫好委託書，由被委託人持雙方身分證正本及委託人的集保存摺跟原留印章辦理，該證券公司的分公司人員會跟客戶約定時間來領取。

手上如果有股票要存入集保存摺，怎麼辦理呢？可攜帶股票、該股票的印鑑證明（如股票背面已蓋了股東章，就不必印鑑證明）、股票的印鑑章及相關費用（整張不收費，零股每張20元）到原開戶的證券分公司辦理。股票送存後，證券存摺可立即刷出，並可立即透過營業員下單，但電子交易要第二個交易日（營業日）才會看到庫存及下單賣出持股。

Get point!

● 券商是投資人的業務代理，而不是投資顧問。買賣股票還是要靠自己。

● 投資前必須深思：看大方向賺大錢，看小方向賺小錢。

如何下單？
如何網路下單？

親臨、電話、電腦。

如果你很閒，買了股票到號子關心股價，原也是人情之常，問題是買賣股票是一場理智與感情的搏鬥，何不用電話請營業員下單？如果家中有電腦或上班可使用電腦的人，網路下單就更方便了。

有閒錢又有專業知識的人，最適合買股票

在券商開戶之後，如何下單買賣呢？可以分三種方式：

（一）親自到營業櫃檯前辦理

投資人在號子裡親自填寫委託書，交給營業員，這是最古老的股票買賣方式了。許多靠股票維生的客戶，在買進股票之後，因為關心該支股票的漲跌，每天都會到號子觀看電動行情提示表。

他們就像上班一樣，每天上午九點準時到號子報到，下午一點三十分收盤時才離去。若逢大多頭行情時，交易熱絡，號子裡人滿為患，根本找不到位置，往往一站就是三個鐘頭，苦不堪言。現在只有退休人員、菜藍族才會採用這種方式下單買賣了。這種方式當然也有好處，就是可以和「戰友」連繫感情，玩股票時較不寂寞，但對賺錢的功能未必有什麼幫助。消息多，有時反而容易干擾自己的買賣進出。

（二）透過電話請營業員下單

如果你是一個閒人，買了股票到號子關心股價，原來也是人情之常，問題是買賣股票就是一場理智與感情的搏鬥，投資人身處號子時，極易在現場氣氛的感染之下，完全被群眾盲目的情緒所左右，理智輕易地就遭感情擊敗了。所以，何不在家中用電話遙控呢？幹練的營業員由於訓練有素，在接到你買賣的指令之後，會立刻幫你處理得很好；若一在價格上發現有錯，也會及時糾正你。你可以以逸待勞。

不過，缺點是號子的行情表比

較詳細,電腦揭示的可見螢幕多,可以一覽無遺;而你在家可能只有電視的一些股市節目可看。它是採取輪播方式告訴你的。當然,必要時你可以每隔一段時間問問營業員,他們可以為你對單一個股或大盤指數報價。

(三)有電腦可使用網路下單

家中有電腦或辦公室裡可以使用電腦的人,買賣股票就非常方便了。只要下載了證券公司的軟體,可以發現你看盤的整合環境變得非常良好。你無需親自跑到號子,也無需動用營業員就能輕輕鬆鬆把買賣股票的事搞定。網路下單有一個好處,就是無論什麼時候,你都可以下單委託,而不會讓你有遺珠之憾!你可以單筆委託,也可以多筆委託;可以在未開盤之前,先寫預約單,然後作委託查詢,也可以在盤後交易時寫預約單,然後再查詢結果。總之,在線上網路下單,是有你意想不到的方便的。同時,網路下單的手續費也比較便宜。

當然在使用網路下單之前,必須先到證券公司的網路首頁設定網路密碼、語音密碼等,才能保障股票交易的安全。至於詳細內容,到時你上網查詢就非常清楚了。如果再不明白,從他們的客服中心也可以獲得清晰而有禮的諮詢。

■盤後交易範例

| 普通交易 | 個人帳戶 | 盤後交易 | 零股交易 | 興櫃交易 | 承銷申購 | 公告訊息 | | 申請憑證 | 快速下單 |

單筆委託 多筆委託 預約單查詢 委託查詢 成交回報 下單匣 　　　　　　元大證券

盤後交易－單筆委託

帳號: _____ 使用其他帳號 _____ 登出

委託交易日期: 2010/07/09

交易類別	買賣別	股票代碼	單位	動作
現股 ▼	○買進 ○賣出	___ 查股號 警示資訊	___	送出

紅單子進，藍單子出！

證券投資三要素：時間、報酬、風險。
採用何種方式買賣股票也應考慮清楚。

江湖術語常以「白刀子進，紅刀子出」，描述殺人的刀光血影狀態。在股市的殺戮戰場中，則是填寫「紅單子」作為買進、填寫「藍單子」作為賣出的工具，所以趣稱「紅單子進，藍單子出！」

開立信用交易，要有三個月買賣經驗

所謂「紅單子進，藍單子出！」是形容股票的買與賣。如果你是採取親自到營業櫃檯前辦理方式買賣股票，自然知道。當你準備買進股票時，營業員會讓你填寫紅單子；當你準備賣出股票時，營業員會讓你填寫藍單子。

這樣做是為了辨別方便。如果你懶得填寫或怕寫錯了，也可以請營業員代勞。基於服務客戶的立場，他們多會答應的。

股市新手在買賣股票時，是不能夠融資、融券的。但是，開立信用交易戶，則是早晚都要做的事。除非你投資幾天就不玩了，否則這在未來將是必須知道的股票常識。

什麼是融資、融券呢？所謂「融資」就是以部分自備款做擔保，向有關證券金融公司融通一定額度的資金，以購買股票的行為；至於「融券」，就是繳一定成數的保證金，向有關證券金融公司借出股票出售，然後在一定時限內，再買入補還該證券金融公司的行為。

投資人在同一家證券公司辦理融資融券業務，每人以開立一戶為限。開立的資格是：

（一）必須年滿二十歲。
（二）開立帳戶買賣已經有三個月的經驗了。
（三）最近一年內買賣成交的股票達到十筆（含）以上。
（四）最近一年年所得及各種財產計達到所申請融資額度的百分

之三十。（可提供一年內之房屋稅單影本／房屋土地所有權狀影本／在任何銀行開立的存款財力證明／定期存單等）。

至於每個人可以獲得的融資融券額度有多少，是分為好幾級的。但是其內容是會變動的，類此細節，在你要辦理的時候，臨時問一下營業員就絕對錯不了的。本書對於容易產生變動的規定，不特別記載，以免誤導投資人。

總之，投資人在有一些買賣經驗之後，才可以用融資、融券買賣股票，初期都是以現股買賣為主。

融資成數隨指數遞減，融券保證金隨指數遞減

融資融券的規定，是有一個原則的，就是：融資成數隨指數遞減，融券保證金隨指數遞減。

融資自備款與融券保證金之成數，以及融資融券的限額與期限，是依照證管會提請中央銀行核定的標準內決定的。

目前融資比率與融券保證金成數的調整，都依發行量加權股價指數的漲跌為基準，其級距共區分為六千、七千二百、八千四百、九千六百等四級。

當加權指數為六千點的時候，一類股可融資六成，二類股可融資五成；加權指數為七千二百點時，一類股可融資五成，二類可融資四成；加權指數為八千四百點時，一類股可融資四成，二類股可融資三成；加權指數為九千六百時，一類股可融資三成，二類股可融資二成。當加權指數為六千點時，融券保證金成數為九成，七千二百點時，八成；八千四百點時，七成；九千六百點時，六成。

Get point!

● 股票融資融券，是一種「借雞生蛋」的投資妙招。

● 融資融券運用得當，會大賺；相反的，也會大賠，甚至傾家蕩產，不能不慎。

市價買賣和限價買賣的不同

不論是限價買進或賣出，都是限價交易，
又叫做：掛牌交易。

股票應該用什麼價格買賣較好呢？這要看是否急於成交。如果想立刻買到或賣出股票，就用市價（漲停板或跌停板的價格），否則就用出價最高的價格賣單買、出價最高的買單賣。

市價或限價買賣，要看是否急於成交

在買賣股票時，有兩個專有名詞：「市價委託」和「限價委託」。投資人按照「市價」委託證券商買進或賣出股票，直到成交為止的，叫做「市價委託」；按照「限價」委託證券商買進或賣出股票，直到成交為止的，就叫做「限價委託」。

什麼叫做「市價交易」？什麼叫做「限價交易」呢？市價交易是「未指定買進或賣出的價格」，而是依照當時市場公開交易的價格撮合買賣，稱為「市價交易」。例如二〇一〇年七月十四日的中信金

（代號：2357）股票，平盤價是18.8元，漲停板價是20.1元，跌停板價是17.5元，那麼如果你急著想要買到中信金股票，就用市價買進，也就是掛20.1元漲停板的買單去買；相反的，如果你急著賣出華碩股票，就用市價賣出，也就是掛17.5元跌停板的賣單去賣。

這樣的市價交易是比較容易成交的，因為你等於是給你的交易對方最好的價格，自然應該擁有優先權排在最前面。換句話說，所謂「市價交易」，就是用漲停板的價格買進股票，或用跌停板的價格賣出股票。

下頁是二〇一二年七月十四日的中信金的當日走勢。下方的資料，則是「最佳五筆買賣價格表」。在表中，最佳買盤的五筆價格分別是19.15元、19.1元、19.05元、19元、18.95元等五筆。在其左邊的文字是指，掛著19.15元準

■ 分時走勢圖

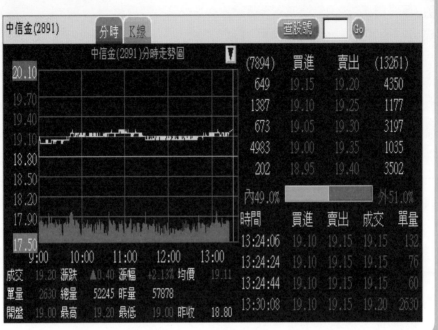

| 中信金(2891) | 分時 | K線 | | | | 查股號 | | Go |

中信金(2891)分時走勢圖

(7894)	買進	賣出	(13261)
649	19.15	19.20	4350
1387	19.10	19.25	1177
673	19.05	19.30	3197
4983	19.00	19.35	1035
202	18.95	19.40	3502

內49.0% 外51.0%

時間	買進	賣出	成交	單量
13:24:06	19.10	19.15	19.15	132
13:24:24	19.10	19.15	19.15	76
13:24:44	19.10	19.15	19.15	60
13:30:08	19.10	19.15	19.20	2630

成交	19.20	漲跌	▲0.40	漲幅	+2.13%	均價	19.11
單量	2630	總量	52245	昨量	57878		
開盤	19.00	最高	19.20	最低	19.00	昨收	18.80

■ 最佳五筆買賣價格表-獨立列出

報量

(7894)	買進	賣出	(13261)
649	19.15	19.20	4350
1387	19.10	19.25	1177
673	19.05	19.30	3197
4983	19.00	19.35	1035
202	18.95	19.40	3502

備買「中信金」這檔股票的有 649 張、掛著19.1元準備買股票的有 1387 張、掛著 19.05 元準備買股票的有 673 張、掛著 19元 準備買股票的有 4983 張、掛著 18.95 元準備買股票的有 202 張。在最上面的「7894張」，指的是這五筆最容易成交的買單總數。

這是指「有人出價如此」，而它的意義是對於想要賣出股票的人，可以根據這張買單表來決定賣出價格，最容易成交。像這一天的「中信金」的股價走勢，並無太大的起伏，所以可以不必急著用跌停板價格賣出。如果你要賣，只需出19.15 元的價格就可以買到了。其他的價格則需要排隊等待成交。這就是限價賣出——以限定價格賣出。

相反的，我們再來看上面的表，在其右方的資料，我們也可以看出，掛著19.2 元準備賣「中信金」這檔股票的有 4350 張、掛著19.25 元準備賣股票的有 1177 張、掛著19.3元準備賣股票的有3197 張、掛著 19.35 元準備賣股票的有 1035 張、掛著19.4元準備賣股票的有 3502 張。

在最上面的「13261張」，則指的是這五筆最容易成交的賣單總數。它的意義是對於想要買進股票的人，可以根據這張賣單表來決定買進價格，最容易成交。

像這一天的「中信金」的股價走勢，起伏不大，你可以不必急著用漲停板價格買進，只要出19.2 元的價格就很容易買到了。其他的價格則需要排隊等待成交。這就是限價買進——以限定價格買進。不論是限價買進或賣出，都是限價交易，又叫做：掛牌交易。

Get point!

- 只有好價格，沒有好股票。

- 最低價不買；最高價不賣——當走勢尚未明確時。

- 不要想賣到最高價，樂觀者比悲觀者危險。

不賣股票，當股東的權益

買進一家公司的股票，自然就成為這家公司的股東。

買進一家公司的股票，自然就成為這家公司的股東，因此投資人即使只持有一股，在股票未賣出前，都能享有股東該有的權利，包括參加股東大會、獲得分紅、增資認股等的權利。

股東有六大權益

如果你堅持不賣股票而準備長期投資做股東的話，有哪些權利呢？大抵有六項權益：

（一）分享公司的利潤

公司會把去年度所賺到的「盈餘」，在今年度按股東的持股比例分配出去。原則上，公司賺愈多，股東也領得愈多。但是，並非公司該年度賺一千，就把一千萬全部都分配給股東，而是必須提撥一定的「盈餘」保留，作為公司再投資的資本，或作其他的預留老本。

每年公司賺了錢之後，你可以分到公司的利潤，稱之為股利，投資的愈多當然所分到的股利也愈多。不過如果公司營運狀況不理想，你也就領不到分配的股利了。

通常公司會把賺得的錢扣除所有的開銷之後，分配給股東。而股利的發放有兩種方式：一是現金股利，一是股票股利。

現金股利就是你擁有的股數×每股分配的股利，以現金的形式發放到你的銀行帳戶中，例如你擁有2000股（2張股票），公司每股分配的股利是1元，則你可以領到2000×1元＝2000元的現金股利。

另一種分配股利的方式則是以相同面值的公司股票代替現金，稱為股票股利。由於股東不需要繳款就可以分配到股票，所以又稱為「無償配股」。

一般說來，如果是一間成長率

高、獲利能力佳的公司，會傾向發放股票股利，則公司可以保留更多的盈餘去進行下一步的投資及擴充，但實際上的情況仍由公司決定。

股票股利是發股票給股東，又稱「除權」；現金股利則是發放現金給股東，又稱「除息」。

（二）剩餘資產分配權

如果公司因經營不善使得財務遭到清算，股東可按持股比例分配公司所剩餘的資產。但必須注意的是，這些公司的剩餘資產必須先償還給債權人，再償還給特別股的股東，最後剩下的才會平均分配給普通股的股東。

（三）參與決定公司發展的重大方向

公司的董事會，每年應至少召開一次股東大會，公司經營者在會中向所有全體股東提出年度報告與營業報告書、資產負債表、損益表、股東權益變動表、現金流量表、主要財產目錄等表冊，同時議決一些公司未來發展的重大方向。

股東可藉此參與公司經營，對公司有任何建議與不滿，也可以在股東會上提出，並檢查公司帳簿，以進一步督促公司經營者改善，若改善得宜，公司盈餘應會增加，股東也會因此受惠。

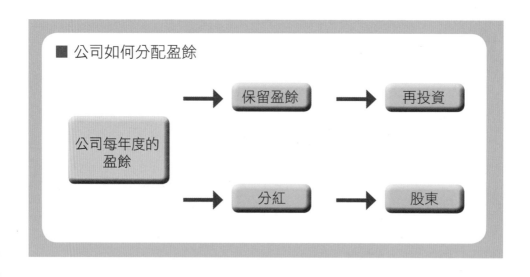

■ 公司如何分配盈餘

公司每年度的盈餘 → 保留盈餘 → 再投資

公司每年度的盈餘 → 分紅 → 股東

（四）選舉董監事

公司每隔一段時間會進行董監事改選，股東擁有投票權以選舉董監事。

（五）擁有優先認股的權利

當公司要以現金增資的方式發行新股時，原股東有按持股比例優先認購的權利。這個辦法的目的，是為了維持原股東在公司的持股比例，避免原股東的股權因發行新股而遭到稀釋。

（六）可取得股東大會的紀念品

多數公司會在股東會時期提供紀念品贈予股東，股東們只要憑開會通知書，於其上簽名或蓋章，即可免費領取紀念品。景氣好的時候，甚至會送出高貴的物品當紀念品，而造成領取的人潮。

Get point!

- 確定長期的投資目標和原則，為股票交易的首要問題。

- 在購買股票時，要注意公司未來的獲利潛力與目前股價間的關係是否合理。

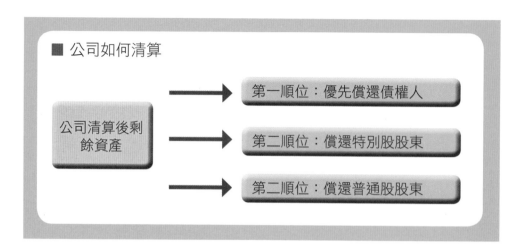

■ 公司如何清算

公司清算後剩餘資產

第一順位：優先償還債權人

第二順位：償還特別股股東

第二順位：償還普通股股東

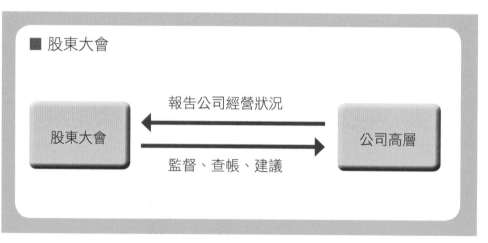

■ 股東大會

股東大會

報告公司經營狀況

監督、查帳、建議

公司高層

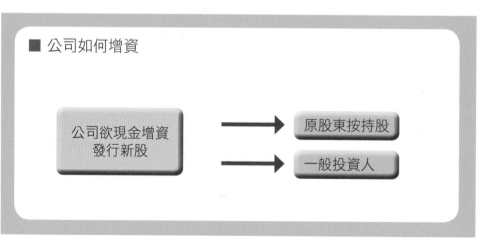

■ 公司如何增資

公司欲現金增資發行新股

原股東按持股

一般投資人

第二篇
section
7

想賺差價，
如何把股票賣出？

為了找出相對的高價與低價，就得細心去
觀察股價的起伏。

想賺差價的投資人，最需要學習的就是懂得利用股價循環現象來低買高賣。如果能細心、持續地觀察，必能在低潮期的低點買進，並在高潮期的高點賣出，同時也必定獲利甚豐了。

要懂得掌握相對高點與低點

股票買賣如何賺取差價呢？最簡單的方法就是「低買高賣」。這是股票操作的基本原則，說得更清楚些，就是低價時買進，高價時賣出，然後從中賺得差價。

這個簡單的道理人人皆知，難就難在何者為低價？何者又為高價呢？因為股市變化莫測，你認為的低價，可能是一個月後的高價；而你認為的高價，可能是一個月後的低價。

所以，高價與低價的標準極難說明，只能說是當時「相對的高價」或「相對的低價」。為了找出相對的高價與低價，就得細心去觀察股價的起伏。

有經驗的股票投資老手，都知道股價的起落有循環的現象。這種循環現象大約可分為盤整期→轉變期→高潮期→低潮期→盤整期→……如此循環不已。

在盤整期中，不但股價漲跌幅度很小，而且交易量、交易值也不大。這種盤旋整理、交易停頓不上不下的現象，必須經過一段時日、投資人都逐漸消除觀望的心態之後，情況才會改善。

到了轉變期，由於若干利多因素的刺激，交易日漸熱絡，成交量、成交值也日漸增加，而且股價的漲跌幅度也大於盤整期。一般來說，轉變期比盤整期的期間較短一點。進入高潮期後，不但交易非常熱絡，成交量、成交值大幅激增，

而且股價起落幅度更大。這時常因利多消息的刺激，股價飆漲，並且不斷創造新的高價，造成投資人全面總買進的瘋狂現象。從高潮期轉入低潮期，買氣用盡之後，就會盛極而衰，這時因為若干大戶與聰明的投資人陸續賣出股票，影響股價下跌。同時由於利空消息的刺激，股價不斷下跌，甚至造成股票不易賣出的現象。

股價在低潮期下跌到某一價位時，就會止跌回穩，再度轉到盤整期。從上述股價的循環現象中，我們可以很清楚地判斷出，低潮期的股價就是正確的低價，而高潮期的股價就是正確的高價了。如果能在低潮期的低點買進，並在高潮期的高點賣出，那必定獲利甚豐了。

在利用股價循環現象來低買高賣時，還應該重視以下四點：

（一）以年為標準

股價循環的期間大都以年為單位，因此投資人也應該用「年」作為操作期間。

（二）要細心觀察

股價循環的現象，有時明顯，有時模糊，只要細心觀察分析，必能瞧出端倪。

（三）觀察要持續

留心那些有週期性漲跌的股票，經過長期觀察後，應在跌幅最深時買進，並在漲幅較大時賣出。

（四）重視基本面

景氣變化、油價物價漲跌、淡旺季循環、資金環境、利率高低、政治面政策面消息、企業財報數字、股票價值也會影響股票的高低點，所以比較高明的投資人除了研究技術面之外，還會從基本面去掌握股票的買賣時機。

Get point!

- 防止在高價套牢，是學習買賣股票最重要的一課。

- 誰掌握了股市變化的「趨勢」，然後「低買高賣」或「高賣低買」，誰就是贏家。

第二篇 section 8

怎麼知道買到或賣出多少錢？

向營業員詢問或上網查資料，都很容易知道結果。

以市價買進或賣出，除非掛單的人太多了，否則立刻可以斷定已經成交了。用「限價買進」或「限價賣出」，就不一定。向營業員詢問或上網查資料，都很容易知道結果。

相關的五個基本概念

在股市的一陣買賣變化之後，我們發現有的股票高掛漲停板，有的卻是一路跌停。到底什麼是漲停？什麼是跌停？怎麼知道買到或賣出多少錢呢？如何看待這些關鍵資訊呢？首先必須對以下的幾個基本常識有所了解：

（一）價格的變化

在臺灣，股市是在星期一到星期五的早上九時準時開盤，每天開盤後的第一筆成交價格就是當日的開盤價，同樣的，股市的收盤時間是下午一時卅分，收盤以前的最後一筆成交價格就是收盤價。

（二）漲跌幅限制

其中每一筆欲買進的價格和欲賣出的價格相同，經電腦撮合而成的價格就是成交價。即使你沒買過股票，一定也看過股價「+」、「-」的符號，這代表的是股價最近一次的成交量和前一日收盤價的比較，前者表示「漲」，後者表示「跌」。

目前臺灣股市對於股票價格漲跌幅的限制為前一日收盤價格的百分之七。這個「臺股漲跌幅」的限制，並非絕對也並非永遠如此，得隨政府的政策而改變。

從前曾經有過百分之三等的規定，且不久前也曾經研擬過從百分之七再繼續放寬，不過，為了股市的穩定，目前一直維持這樣的規定，已經數年沒變了。

（三）了解漲跌幅

假設某一檔股票八月十日的

051

收盤價為100元，則八月十一日開盤之後該檔股票頂多只能漲到107元，也頂多只能跌到93元，如果當日該檔股票漲到107元，就叫做漲停板；如果跌到93元，就叫做跌停板。

其次，我們聽到所謂的「今日股市漲多少、多少點」或「今日股市跌多少、多少點」，所謂股市的漲跌，通常指的是「大盤」的漲跌，也就是「加權股價指數的漲跌」，投資人必須分清楚。

（四）大盤的漲跌

加權股價指數是將「每種上市股票的當天收盤價」乘以「上市的總股數」，計算出當天的市價總值，然後再除以基期的市價總值。

所以，它代表的是整體股市當日的表現概況，當大盤指數下跌，指的是許多股票股價的下跌，並不代表全部的股票都下跌。我們除了要關心大盤的漲跌外，更要關心自己買到或賣出的股票到底是什麼價位。

（五）價格的顯示

當你是以漲停板的價格買進時，除非掛買的人太多了，否則不必向營業員追問或從網路查詢，就可以斷定已經買到了，成交價格就是「賣盤」的價格。如果你是以跌停板的價格賣出時，除非掛賣的人太多了，否則不必向營業員追問或從網路查詢，就可以斷定已經賣到了，成交價格就是「賣盤」的價格。

如果你是用「限價買進」或「限價賣出」，那就不一定了。必須排隊，按自己開出的價格來決定成交的順序。如何知道買到或賣出多少錢？如果你採用的是請營業員代勞的，就直接問營業員即可；如果你採用的是網路下單，從「成交回報」那一欄即可看出結果。

Get point!

- 低價格的股票，要比高價格的股票變動的幅度大。

- 買入的時點是股票投資中最重要一環。有買賣價位的觀念，就是有成本概念。

股票的計算單位

「臺股」的股票買賣，是以一千股為交易單位。

臺股是以一千股為交易單位。寫法有兩種：一千股或是一張。「股」與「張」一定要搞清楚、寫清楚，否則一千股寫成一千張，問題就嚴重了。至於零股的買賣，則有特定的交易時間。

股票買賣以一千股為交易單位

「臺股」的股票買賣，是以一千股為交易單位。臺灣證券交易所營業細則規定得很清楚。為了配合這一項規定，目前上市公司在股市裡公開買賣的投票都是每張一千股，同時股票的面額都是每股10元，所以每張一千股的面額就是一萬元。

因此，投資人如果到號子要買進一股、十股、一百股甚至九百九十九股的「台積電」股票，就容易被人看出你是「股市新手」，因為買賣股票必須以一千股為交易單位。投資人最少必須買進一千股或一千

股的倍數（例如兩千股、三千股等）。所以，當你買進了一萬股的「台積電」股票時，就等於擁有十張的「台積電」投票。

投資人在填寫買進或賣出委託書，除了要留心「限價」那一欄，更要格外注意「股數或張數」那一欄，因為那是最容易寫錯的地方。雖然臺股交易的單位是一千股，可是投資人有兩種寫法：一千股或是一張。不過，「股」與「張」一定要寫清楚，否則一千股寫成一千張，問題就嚴重了。

曾經有個股市新手，原本要賣出某一檔股票二十張，應該是兩萬股，結果他誤寫為二十萬股。結果行情下跌，短短幾天內，他就損失慘重了。

所以，在填寫「張」或「股」時，要特別當心。股市的錯誤不是簡單的道歉就沒事的，常常得付出

極大的代價。擔任代理投資人買賣進出、填寫單子的人，往往必須特別清醒。

零股的買賣實務問題

如果投資人買賣股票是採取參加除權、除息的長期投資策略，擁有一堆股子股孫怎麼辦呢？這些「零股」的股票交易單位，與交易單位關係密切的零股交易，有必要在此一併討論。所謂「零股」並非「沒有股票」，而是投資人在買進某家公司的股票後，該公司經營績效良好，所配發給投資人一些不滿成交單位（即一千股）的股票，因為算是零零星星的股票，所以叫做「零股」。

想賣出零股的投資人，要先到發行公司核對印鑑後，於週一至週五的上午八點三十分至十點三十分之間，把股票交給證券經紀商，先辦妥賣出交割的手續，然後填寫賣出委託書，填妥證券名稱與股數，並請經紀商交割人員在委託書上蓋章，證明該股票已經交割。

至於委託書上限價欄，因為零股的買賣價是以當天十點三十分前最近一次的電動行情揭示表上的價格為準，所以只能填市價賣出。投資人在填妥委託書後，交給專辦零股買賣的營業員輸入電腦以後，手續就算完了。賣出零股，須繳百分之一的手續費給自營商。

不過，在行情下跌的時候，自營商會暫停收購零股。這種情況是有的，但對於長期投資的股友來說，也不算是太嚴重的問題，因為只是偶然的現象。遇到這種情形怎麼辦呢？事實上也不用太過於擔心。投資人在自營商停止收購期間，只要耐心等待，該自營商早晚會恢復收購，到時再辦手續賣出即可。

Get point!

- 買入獲利潛能稍差但股價偏低的公司股票，可能比購入獲利能力稍好，但股利偏高的公司股票划算。

- 不因小利益而耽誤了大行情，不因小變動而迷惑了大方向。

發生錯誤或爭議，由誰負責？

營業員捲款而逃的情形較少，但也不能不防，
印章和存摺要自行保管。

投資股票碰到一些錯誤而導致糾紛時，就不能不知道如何保護自己的權益，才不會全然無助。錯帳問題、違約交割、營業員捲款而逃或券商倒閉都可能發生，都應懂得如何處理才行。

善用「投資人保護中心」

如果投資人與委託的證券經紀商之間，因委託買賣股票發生糾紛或爭執時，應依照證券交易法第一六六條至第一七○條關於仲裁之規定辦理。

證券交易法第一六六條規定：依本法所為有價證券交易發生之爭議，當事人得依約定進行仲裁。

此項仲裁，除了證券交易法另有規定外，均依商務仲裁條例之規定辦理。所以，申請人申請仲裁時，應提出申請書，在申請書上詳細寫明當事人姓名、地址、爭執之原因與標的，並附上證明文件，向商務仲裁協會申請進行仲裁。

中華民國證券市場發展基金會（網址是：http://www.sfipc.org.tw/main.asp）設有投資人保護中心，當發生爭議時，投資人可向該機構申請協助辦理。它的地址電話如下：投資人服務專線（投資人保護中心）02-2712-8899／台北市民權東路3段178號12樓。

為加強服務投資大眾，該中心提供申訴與諮詢服務。在上班時間，投資人可選擇直接與服務人員通話，由服務人員提供服務。

在下班時間你也可以經由網頁制式的表格以【填寫送出】或【列印下來填寫傳真】傳真（02）2547-2925 給他們，該中心會派專人儘快為投資人解答。

基本上，當投資人與證券經紀

商依約定進行仲裁時，若有一方不遵守約定，另行向法院提起訴訟時，另一方得根據證券交易法第一六七條之規定，請求法院駁回其訴。

還有，根據證券交易法第一六九條規定，證券經紀商對於仲裁之判斷，或雙方之和解，延不履行時，證管會得以命令停止其業務。

此外，證券交易法第一六六條規定，當證券商之間或證券商與證券交易所之間發生爭議時，不論當事人有無訂立仲裁契約，均應進行仲裁。

錯帳、違約交割、券商倒閉

買賣股票的糾紛，常見的問題包括：

（一）錯帳問題

投資人錯寫、錯填資料時，責任自負，這是不用說的。如果是營業員電話聽錯了（多有錄音）或寫錯了，一般券商都有編列一筆錯帳基金來彌補其人員正常的疏忽，但對於不該有的疏忽，往往由營業員扛起責任來。

（二）違約交割

當買股票的人沒錢付款，就會發生賴帳的情形，導致違約交割。投資人如果買進一筆股票（數量不大），沒錢付款，券商會先行付款然後隔一天把股票賣掉，並把損失向投資人求償。但嚴重的違約交割，券商就會把事實呈報到證券交易所，同時透過法律訴訟向投資人求償差價損失。一旦罪名成立，投資人三年內在臺灣任何一個券商都不能進行交易。

（三）券商倒閉

這個投資人保護中心受理投資人對證券及期貨相關法令之有關諮詢及與發行人、證券商、證券服務事業、期貨業、交易所、櫃檯買賣中心、結算機構或其他利害關係人間，因有價證券之募集、發行、買賣或期貨交易及其他相關事宜所生民事爭議之諮詢。

券商倒閉的善後細節問題，自然也可以請教他們。絕對不會是一個人受害而已。

手續費、證券交易稅要付多少？

首先要知道股市有什麼成本，然後才知道能不能賺錢。

買賣股票在計算成本時，一定要知道，股市有所謂的手續費和證券交易稅。目前全臺灣所有證券經紀商買或賣的手續費，一律為0.1425%。證券交易稅為0.3%。

手續費是0.1425%

買賣股票在計算成本時，首先要知道股市有什麼成本，然後才知道能不能賺錢。在計算成本時，一定要知道，股市有所謂的手續費和證券交易稅（簡稱：證交稅）。

投資人不論買進股票、或是賣出股票，證券經紀商都要依成交金額，向投資人收取0.1425%的手續費。換句話說，投資人買賣一支股票，總共須繳交0.285%的手續費。記住，這只是手續費，另外還有證交稅。

這是證券經紀商唯一的收入，也是經紀商提供營業場所、電動行情揭示表、電腦行情顯示器、營業員買賣交割服務等應得的代價。

0.1425%的手續費，必須在買進交割與賣出交割時，一併繳交，這項費用已經很清楚地被列在買進報告書或賣出報告書上了。每筆買賣最低的手續費是20元。

目前全臺灣所有證券經紀商買或賣的手續費，一律為0.1425%。這0.1425%的手續費看似不多，但是累積一多，金額就很可觀了。

光是一九八八年一年，由於成交金額達7兆9千197億元，所以證券經紀商當年總收入就高達新臺幣118億元（當時的手續費是0.15%）。到了一九八九年，由於全年成交金額高達25兆6千7百37億元，所以證券經紀商總收入更高達385億元（當時的手續費是0.15%）。

臺股買賣股票的手續費，從一九九六年九月一日起改採彈性費率。所謂彈性費率，就是股票買賣金額愈大筆者，其應收取的手續費率就愈低。

反之，買賣金額愈小者，其應收取的手續費率就高於買賣金額大筆者。

證管會規定彈性的五級證券交易手續費率為：

（一）每日每戶成交金額在一千萬元（含）以下，按0.1425%收取。

（二）每日每戶成交金額超過一千萬元到五千萬元者，就其超過部分，按0.1325%收取。

（三）每日每戶成交金額超過五千萬元到一億元者，就其超過部分，按0.12%收取。

（四）每日每戶成交金額超過一億元到一點五億元者，就其超過部分，按0.11%收取。

（五）每日每戶成交金額超過

一點五億以上者，按0.1%收取。

證券交易稅是0.3%

至於證券交易稅，臺灣原本依成交金額課徵0.15%；自一九九○年起，0.15%證券交易稅提高為0.6%；自一九九三年二月一日起，從0.6%降為0.3%。目前的證券交易稅為0.3%。

證券交易稅一律在投資人賣出股票時課徵。不管投資人賣出股票是賺或賠，只要有賣出行為即依法課徵。賣出報告書上的「代扣稅款」欄，指的就是證券交易稅。

Get point!

- 買賣股票的人，愈懂得細節，愈不容易失敗。

- 在股市真正賺大錢的人，還是能透徹分析公司本質、股票價位，以及計算方法的人。

如何計算賺錢或賠錢的金額？

應先算出「資本利得」或「資本利損」，
然後再扣除買進股票的手續費等。

投資股票計算賺錢或賠錢，應先算出「資本利得」或「資本利損」，然後再扣除買進股票的手續費、賣出股票的手續費、證券交易稅。如果有股票股利，也要一併計算，才是真正的數字。

「資本利得」怎麼算？

投資人在證券市場上交易股票時，透過股票買進價格與賣出價格之間的差額所獲取的收入，叫做「資本損益」。

當賣出價格高於買進價格時為資本收益，即「資本利得」為正；當賣出價格低於買進價格時為資本損失，即「資本利得」為負，也叫做「資本利損」。至於如何計算「資本利得」呢？這要先看你是現金買賣，還是信用交易的買賣。現金買賣，比較容易計算，用融資融券買賣的計算方式就比較複雜一些。

「資本利得」的計算公式

資本利得＝（賣出股票的股價－買進股票的股價）× 投資人所持有的股票數量。例如，你用每股20元的價位，買進A股票一張，也就是一千股。持有一個月之後，這檔股票已經飆到32元了。你決定把股票逢高賣出。

這時你賺的錢就是：（32元－20元）× 1000 股＝12,000元。投資兩萬元，一個月之內賺到一萬兩千元，這樣的獲利相當可觀吧！

「資本利損」怎麼算？

前面說過，「資本利損」是相對於「資本利得」來說的，也就是投資人賠錢的部位。

資本利損的計算公式

資本利損＝（賣出股票的股價－買進股票的股價）× 投資人所持有的股票數量

例如，你用每股20元的價位，買進A股票一張，也就是一千股。持有一個月之後，這檔股票已經飆到13元了。你決定把股票認賠賣出。這時你賠的錢就是：（13元－20元）×1000股＝7,000元。投資兩萬元，一個月之內賠了七千元，這樣的損失也挺可觀的！

如何計算投資損益？

投資人的股票買賣，「資本利得」並非完全反映賺錢的結果；「資本利損」也並非絕對是所損失的金額。因為在計算「投資損益」的時候，還要考慮一些因素，包括還要扣除交易手續費、證券交易稅。萬一官方宣布要再加收「證所稅」（證券交易所得稅）時，那還得考慮這個問題。

所幸官方這個「證所稅」的方案一提，曾造成「崩盤」的大悲劇，因而如今的官員已不太敢成為這樣的股市罪人了，因此，這部分不必考慮。在計算「投資損益」時，還要考慮「股利發放」的利益，才精準。綜合來說，股票投資損益計算公式如下：

股票的投資損益＝

資本利得＋股利所得－交易手續費－證券交易稅

例如投資人以60元買到A股票一張，在持有A股票期間，配發到現金股利2元，半年後股價漲到80元。那你知道他共賺多少錢嗎？

資本利得＝

（80元－60元）×1000股＝20,000元

現金股利＝

2元×1000股＝2000元

買進股票的手續費＝

60元×1000股×0.1425%＝85.5元

賣出股票的手續費＝

80元×1000股×0.1425%＝114元

證券交易稅＝

80元×1000股×0.3%＝240元

所以，綜合來說，股票的投資損益＝20,000元＋2,000元－85.5元－114元－240元＝21,560元

選對股，成功了一半！

買股票，首先就要找到一家好券商，最好是大型的，同時要注意它是否信用可靠。

section

股市的組成分子

股票市場好比是個金錢的戰場,唯有知己知彼,才能百戰百勝。

正如擂臺上的比武者才是主角一樣,即使是散戶,也是股市的重要力量。不過,除了透析股市的遊戲規則以外,到底有哪些官方及民間機構,還有哪些保護投資人的組織,都應事先弄清楚。

股市的主角是投資人

股票市場好比是個金錢的戰場,唯有知己知彼,才能百戰百勝。所以,投入股市之前,必須對其組成分子有所了解。

這個市場中活動的角色包括:上市上櫃股票的公司人馬、真正參與買賣交易的投資人、服務投資人的券商,以及管理交易秩序的官方機關:

(一)官方及民間機構

股票的官方及民間機構包括:證期局、證券交易所、集保公司、證券商、證券金融公司、投信、外

資。詳細介紹請看本章下一節內容。

(二)一般投資人

一般投資人的種類,從資金規模與交易特性不同,還可以分為「一般散戶」、「中實戶」與「股友社」:

①大戶

即大額的投資人,他們至少擁有數億以上的新臺幣可供投資,諸如:財團、上市公司監事、主力等。

②中實戶

他們的財力稍遜於大戶,其擁有的投資金額在新臺幣數千萬至數億元之間,以中小企業的經營者占絕大部分。

對於那些資金較雄厚(交易金額約在臺幣一千萬元以上),都可以泛稱為股市中的中實戶。這些人

不是投資經驗老到，便是本身或親友擁有上市上櫃董監事、大股東身份，常有許多內線消息，增加其獲利的機會與空間，常是股市中的常勝軍。

③股友社

一些散戶或中實戶若聚集在一起成立特定團體，或由XX投顧的老師號召散戶子弟加入會員組織，這些都可以概稱為「股友社」。股友社成立的目的，就是要讓加入組織的散戶「賺錢」。

最常見的「賺錢」法寶，便是利用「眾志成城，聚沙成塔」的原理，號召大家一起炒作某一個股，以推升其股價。但股票炒作終有後援不足的一天，股票隨之大跌，而後來才加入炒作的股友們，拋股不及便只有認賠殺出的份，投資風險實在不小。

④散戶

即小戶，從各行各業的上班族、教師、計程車司機到商店老闆、公務員等都有。目前90%的投資人都是散戶。其中有一群人，特別是家庭主婦，經常耗在號子裡看盤，沒有什麼專業投資能力，可投資的金額也不大的，常被泛稱為「菜籃族」。一般投資人在股市中的角色，除了參與股票投資以外，他們也是臺灣股市的主要資金動能之所在。

他們由持股期間的長短，也可以分成以下五種：

①帽客

每天在號子裡搶進搶出，當日沖銷，從中賺取差價的人。

②短線客

兩三天就進出股票，從中賺取差價的人。其持股期間比帽客長些。

③短期投資者

持股期間達三個月左右才賣出者。

④中期投資者

持股期間達三個月至一年左右才賣出者。

⑤長期投資者

持股期間達一年以上才賣出者。

（三）投資人的保護機構

投資人有投資之事要申訴、諮詢或調處，可聯絡「財團法人證券投資人及期貨交易人保護中心」：

① 網址：http://www.sfipc.org.tw

② 投資人服務專線：
（02）2712-8899。

③ 地址：105台北市民權東路三段178號12樓。

Get point!

- 券商是業務代理，不是投資顧問。不可對業績良好的營業員存有一定賺錢的幻想。

- 自稱對股市預測準確的人，為什麼他自己還未發財？

與股票買賣有關的機構

和股票相關的官方、民間機構,包括證期局、證券交易所、集保公司、證券金融公司。

　　和股票相關的官方、民間機構,包括證期局、證券交易所、集保公司、證券金融公司。其中的證期局,可說是股票市場的大總管,連審核公司可否上市上櫃交易,也歸證期局管理。

證券之外的四大機構

　　和股票相關的官方、民間機構有:

(一)證期局

　　證期局全名為「行政院金融監督管理委員會證券期貨局」,也就是「證券期貨局」,又簡稱為「證期局」,其隸屬於行政院,為掌管、監督股票與期貨交易各項事務的主管機關。

　　因為證期局是股票市場的大總管,臺灣證券交易所、櫃檯買賣中心、券商、投信、投顧等股市交易成員,都歸證期局監管,換句話說,這些股市交易成員有任何不法情事,證期局都會負責調查懲辦,而臺灣證券交易所、櫃檯買賣中心審核公司可否上市上櫃交易,也要證期局核准才算數。

證期局在股市中扮演的角色:

　　①監督、管理股票市場中的成員,確保股票市場能公平、公正、透明地進行交易。

　　②審核公司的上市、上櫃資格。

　　③督促證券交易所或櫃檯買賣中心,使其維持所有上市上櫃公司的財務透明與健全,以保障投資人的權益。

　　④審核外資、基金等法人資金投資臺股的金額規模。

（二）證券交易所

全名為「臺灣證券交易所」，簡稱「證交所」，一九六二年成立至今，仍是臺灣唯一的證券交易所，同時也是臺灣唯一提供股票撮合交易的機構。

證交所純粹是服務性質，本身並不碰股票的買賣交易，只負責提供大家一個買賣股票的場所與設備。證交所中的「有價證券上市審議委員會」還負責審議各企業是否符合上市標準，所以證交所擁有上市企業的財報資訊與一切證券交易訊息。

想要知道上市公司的最新動態？

各大上市公司會到證交所舉辦重大訊息說明會，可以從中一窺究竟。

證交所在股市中扮演的角色：

① 提供上市股票價格撮合與交易的場所與設備。

② 審核、監督公司的上市或下市。

③ 監督並提供上市公司的各項訊息。

④ 記錄並提供集中市場的股價變動、法人動態等。

（三）集保公司

全名為「臺灣證券集中保管股份有限公司」，簡稱「集保公司」。

一九九五年，臺灣股票市場全面實施「款券劃撥交割制度」，所有上市上櫃的股票都集中到集保公司統一保管。

投資人買賣一檔股票，不用到證券商那裡繳出或領取股票，證券商會透過連線，通知集保公司將股票存到投資人的證券帳戶、或自動由其證券帳戶中扣除。

股票交易的非實體化，讓一切買賣十分方便，而集保公司居中成為重要的媒介。

集保公司在股市中扮演的角色：

① 為投資人開立「集保帳戶」，使其能完成股票交割買賣。

②提供上市上櫃市場中股票的集中保管功能。

（四）證券金融公司

證券金融公司，簡稱「證金公司」。它是股票市場的借貸中心，也是股市投資人的金主，提供資金與股票，讓投資人買賣。所以，可以說是股市的重要催化者，投資人如果資金不足時，便可以向證金公司借錢買股票（又叫融資）。

投資人如看壞某一股票未來表現，還可以向證金公司借股票來賣（又叫融券）。這樣借資、借券的投資動作，便是股票市場的信用交易，透過投資者的「信用擴張」，讓股市更為活絡。

證券金融公司在股市中扮演的角色：

①提供投資人融資融券的信用交易業務。

②為活絡股市的重要催化劑。

Get point!

- 綜合證券商也可以自己辦融資融券的信用交易。

法人機構包括政府機關、證券自營商、外資法人、保險公司、投信公司等，而我們在股市上常聽到的三大法人則是指外資、投信、自營商，他們因挾帶龐大資金進出股市，因而備受關注。

投信、外資、自營商

我們在股市上常聽到的三大法人則是指外資、投信、自營商。分別敘述如下：

（一）投信

「投信公司」的全名為「證券投資信託公司」，又稱「基金公司」，主要是匯集投資大眾的資金，交給專業基金經理人操作管理，為投資大眾賺取最大收益。也就是說，投信公司是投資人的資金管理者，協助將投資人的資金投入股市，賺取利潤。現今不諳股票投資的大眾，有愈來愈多人將資金投入「共同基金」，讓基金經理人為自己操盤買賣股票，而投信公司若募得一個新的臺灣股市基金，也常能為股市帶來資金行情。

投信公司在股市中扮演的角色：

①募集大眾資金，以投資股市。

②管理大眾的資金。

（二）外資

簡言之，外資就是國外法人或自然人投資股市的資金。外資動態常是投資人關注的焦點，主要是因為外資投資常依據海外研究機構的推薦進出股市。而海外研究機構的實力又相當堅強、團隊素質也相當優異，這些進出動作也就具參考價值。在「外國月亮比較圓」的心理預期下，常見散戶跟著外資動作殺進殺出，希望能夠在「外資」的背書下，擁有更高的獲利機率。

外資的種類：

一般來說，外資還可以分為「外國專業投資機構（QFII）」、「境內外外國人投資」、「投信募集的海外資金」三大類。

①外國專業投資機構（QFII）

如國外的銀行、保險公司、基金公司、證券商，與其他投資機構像政府退休基金等，都屬於外國專業投資機構，簡稱QFII，由於投資金額較其他外資要高，是外資中相當具分量的投資族群。

②境內外外國人投資

對於那些具有華僑或外國人資格的自然人或法人，其不隸屬於專業的投資機構，但對投資臺灣存有興趣，便可以向臺灣政府申請匯入資金投資，這些都屬於境內外外國人投資。

③投信募集的海外資金

部分臺灣的投信公司曾在國外發行信託基金，主要為籌募海外資金然後回到臺灣來投資臺股，像過去富邦投信的臺灣鳳凰基金、荷銀光華投信的福爾摩沙成長基金等，對於想要投資臺股的海外投資人而言，可以直接投資這些海外基金。

（三）自營商

證券商因業務分工，可以細分成四大類型：

①經紀商：俗稱「號子」，也就是居間幫投資人買賣股票的證券公司，大型的號子有股市報價功能電視牆，給投資人看盤。

②承銷商：主要功能為輔導企業上市上櫃，並替上市或上櫃公司發行股票。如果投資人要買公司發行的新股票時，就必須找這類型的證券公司。

③自營商：主要用自有資金投資股市，賺取投資差價。一般所稱的投資法人族群中，其一便是證券自營商。

④綜合證券商：同時經營以上三種業務的證券商，便可躋身綜合證券商之列。

其中的「自營商」，以自行買賣上市上櫃公司股票及政府債券為主，需自負盈虧風險，並不接受客戶委託業務，亦不得從事信用交易。

搭法人的轎子，需知法人的特性，才不會因魯莽而傷了自己。換句話說，股市高手必須認清法人買賣的變化，「敵不動，我不動；敵欲動，我先動。」這樣的默契，才能明哲保身！

法人的選股特色

跟進三大法人進出的股票，要先注意到他們的操盤特性：

（一）行動不便

法人機構資金龐大，處理股票時往往無法靈活運用，決定買進時無法一天買完；想要賣出持股，也沒辦法在短期出脫。尤其當股價在高檔準備下跌時，明知危險了，也很難順利逃脫。

（二）選股精準

法人機構的產業研究人員比例很高，素質也不錯。他們買進股票時，都經過「為什麼要買這檔股票？」的嚴格討論。因此，選股有一定的市場認同。很多投資人甚至都跟著前一天的「三大法人進出表」買股。

但是，他們的賣出人員結構卻很鬆散，往往只集中在幾個人的手上，又無順勢觀念，所以，常常亂賣一通。我們仔細研究，可以發現法人機構的賣出能力不如買進能力。所以，買進的個股比賣出的個股，較有參考價值。

（三）不重成本

法人機構一般只有淨值觀念，沒有成本觀念，因為他們這一行業有所謂的「三分之一」生態。

就是每當年終結算時，全部的操盤人都會被公開評比，凡是成績排名在前面三分之一的操盤人將有紅利可拿，中間三分之一的操盤人只能領薪水，沒有紅利，還要繼續觀察，不行的話即將淘汰。至於後

面三分之一的操盤人，就有很悲慘的結局了：立刻自動離開！因此，操盤人只有重淨值，而不管成本如何。

跟進法人的四個原則

跟進法人的股票，有以下幾個祕訣：

（一）跟進新買股

投信、外資的買賣超，參考價值很大。他們買的股票多有趨勢因素和基本面的理由。

筆者建議的做法是，注意他們剛剛買超的前二十名個股，不要選擇已經買好幾天的個股，而要選擇剛剛大買的股票。因為他們買好幾天的股票，股價多半已大漲一段了。

（二）注意買超股

三大法人的買超如果都是同一類股時，往往就是隔天的主流股。例如你看到前十名買超個股有中石化、國喬、華夏，那次日就是塑膠股的天下；如果是豐興、聚亨、東鋼，那隔一天就是鋼鐵股要擔綱成為主流了。

（三）跟進小型股

在投信買超中，盡可能選擇小型股。小型股本來是很危險的，但因為有投信這個「長人」頂著，所以天不會掉下來；由於輕薄短小，行動輕快只要投信有心要拉，當天就可以拉上漲停板。

（四）小心自營商

自營商的買賣超，可以參考的價值不大。他們的作風不過是個「大散戶」而已，沒有特別認養個股的計畫，僅是「插插花」，吃吃其他兩大法人的豆腐而已。他們今天買，明天就賣，主要在做證券「成交量」的業績。身為小散戶的我們，跟著他們走，一定會吃虧的，要格外當心。

Get point!

- 不可注意那些法人已大量買超的個股，而要注意才剛飆升的股票。
- 投信如今已愈做愈短了，跟進他們的股票，也要以短線的心態因應。

漲時重勢，跌時重質

長期領先上漲的股票，必隨之有大幅度的下跌。

股市老手在空頭時期都會買比較績優的龍頭股，而在多頭時期反而選擇動能十足的小型股。因為行情不佳時，好股本質佳、比較不會跌停板；行情轉好時，小型股卻動作輕快、容易發飆。

下跌行情如何選股？

「漲時重勢、跌時重質」是一句在股市裡經常聽到的話，若從字面上去解釋，那就是：在上升行情時，選股要著重該股的氣勢；在下跌行情時，選投要著重該股的本質。

身為新手的我們，如何從上千支股票中，挑選到一支值得投資的股票呢？以下該注意幾點：

（一）產品要有了解

衡量公司的產品是判斷的第一步。先問問自己，這家公司是屬於何種產業類別？相關的產業有哪些？最重要的收入來源是什麼？有什麼不同於同業的特色？為什麼它值得你投資？如果連這些問題都答不出來，就不行了。

（二）財務狀況要好

一家公司的財務報表可以透露出很多訊息，從損益表中我們可以看出他過去收益及成長的表現，從資產負債表中我們可以觀察出這家公司的經營能力及安全性。

而公司資本額的大小也會影響到這家公司是否容易受到人為操作因素的介入。這些都是我們評斷一支股票是否值得投資時須注意的事項。

（三）盈餘分配多少

對許多投資人來說，每股稅後盈餘的數字是投資人最關心的部分。到底這家公司賺了多少錢？每股可以分配到多少的股利？這是最直接影響到投資人的權益。

不過，對一個正在追求高成長的公司而言，是否有很高的盈餘已經不是投資人最關心的議題，尤其無盈餘的網路股更是如此。

（四）本益比要不錯

本益比（PE），顧名思義，指的是你所投入的本金和你所回收的利益的比值，如果投資100元可以得到 5 元的收益，那麼本益比就是 $100 \div 5 = 20$，這個數值的意義就是說當本益比愈低時代表投資報酬率愈高，你用愈少的錢投資可以賺到愈多的錢當然就愈划算囉！

在股票上就是：

本益比＝每股股價／每股稅後盈餘

上升行情如何選股？

在下跌行情時，選投要著重該股的本質。這都是在考量股票的耐跌能力。本質好的股票重跌反而是買點。因為本質好的股票，指的是經營能力好、償債能力強、獲利能力高的績優股。事實證明，在下跌行情時，選購這些股票抗跌性較強，跌幅較淺，而後一旦行情反轉時，漲幅較大，所以說「跌時重質」。同樣的道理，跌時要重「質」，漲時卻要重「勢」。

為何在上升行情時，選股不必斤斤計較經營能力與獲利能力等本質，而著重在該股漲升的氣勢就可以了呢？因為在人氣凝聚的上升行情中，若注意力仍然集中在公司的本質，較易錯失機會。此時，選股應注意下列幾點：

（一）主力介入已深的股票，通常還有機會賣到更高價。

（二）股性活潑、曾經飆漲過的股票，經過洗盤，也還能繼續創新高。

（三）跌幅已深，盤旋整理已久的股票，有機會再翻身。

（四）各產業常有輪漲的現象，須注意久盤未漲的產業。久跌必漲！

留心上述的四點，就能做到「漲時重勢」的真諦。總之，不論是本質良好的績優股，或是其他一般股，都是值得買進投資的，獲利可期。

什麼叫做
信用交易？

在同一天內，在高價時先融券賣出，等股價下跌後，再以低價融資買回，則叫做「拔檔」。

上市公司股票的「當沖」，是股市新手的你早晚必須學到的避險技巧。而唯有「股票信用交易戶」，才有資格利用融資、融券這種雙向操作的投資工具，進行當日沖銷交易。

當沖避險，是信用交易的意義

要說明什麼叫做「信用交易」，首先就要懂得什麼是「融資」和「融券」。

融資，就是借錢來買股票；融券，又稱為「借券」，就是借股票。

股票的信用交易，簡單的說，就是對於想買進股票而資金不足，或想賣出股票而欠缺股票的投資人，由證券公司提供資金或股票予以融通的一種交易方式。

這是一種「借雞生蛋」的行為，和平常我們因缺乏生活費用而向人借錢過日子的意義不太一樣。

在股市中的信用交易，一來是為了「賺更多的錢」（如果做得不好，反而是賠更多的錢），二來是為了「避險」。前者是利用槓桿原理、以小搏大；後者是善用「當沖」手法、緊急出貨，方便逃生。

舉例來說，如果你今天剛剛買了一檔股票，因突然發生不可抗拒的大利空，大盤開始重跌，預估今天會收最低點，明天、後天都可能續跌。那怎麼辦呢？

如果你有「股票信用交易戶」的資格，便可以把今天用融資買到的股票，用同樣的數量把它用融券賣掉──這就是「當沖」的避險方法。

所謂「當沖」，就是「當日沖銷」（Day Trading）的簡稱。

在股市中,一筆「當日沖銷」交易,指的是在同一天之內,針對同一件投資標的,透過一買一賣的方式,達成沖抵、結清、註銷交易的行為。

投資人所以能夠賺錢,憑藉的是他在同一天對同一股票以融資融券的方式買進及賣出(包括先買後賣或先賣後買),以券資相抵的方式來賺取差價。

為什麼說「針對同一件投資標的」,而不直接說是「針對同一檔股票」呢?因為廣義的「當日沖銷」,並不光指股票而已。

事實上,「當日沖銷」至少包括了五種「投資標的」:

(一)指數選擇權(Index Option)。

(二)股票選擇權(Share Option)。

(三)商品期貨(Commodity Future)。

(四)外幣現鈔。

(五)上市公司股票。

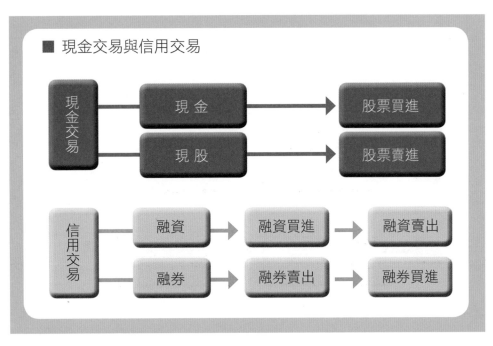

■ 現金交易與信用交易

現金交易 → 現金 → 股票買進
現金交易 → 現股 → 股票賣進

信用交易 → 融資 → 融資買進 → 融資賣出
信用交易 → 融券 → 融券賣出 → 融券買進

其中第五項，「上市公司股票」的當沖，是股市新手的你早晚必須學到的避險技巧。而當沖的做法，首先你必須是「股票信用交易戶」。唯有「股票信用交易戶」，才能利用融資、融券這些投資工具，進行當日沖銷交易。不同的市場有不同的信用交易型式。一般金融消費有信用卡、個人信用貸款等，而股票的信用交易就是指融資與融券。

當日沖銷的學名叫做「資券相抵交割交易」。可見當沖必須運用融資、融券這些投資工具，才能進行沖銷交易。

有人把經常從事當沖交易的人，稱為「當沖客」（Day Trader）或「帽客」。

在股市當日搶進搶出、從中賺取股票差價的行為，在臺灣，被稱為「搶帽子」。所以，常常「搶帽子」的人，就叫做「帽客」。

在股價還處於較低的價格時，先行以融資買進，等股價有一定的漲幅後立刻以融券賣出，在一買一賣之間賺取差價，叫做「搶帽子」。這就是所謂的「當日沖銷」，簡稱「當沖」，或稱為「當軋」（當天軋平的意思）。

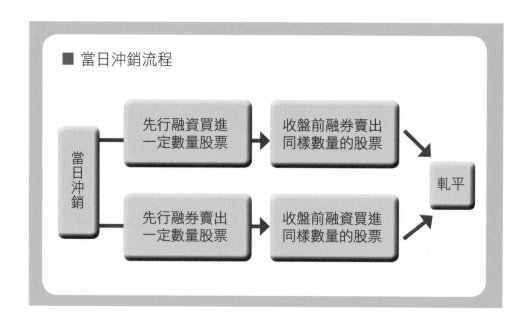

■ 當日沖銷流程

當日沖銷 → 先行融資買進一定數量股票 → 收盤前融券賣出同樣數量的股票 → 軋平

當日沖銷 → 先行融券賣出一定數量股票 → 收盤前融資買進同樣數量的股票 → 軋平

第三篇
section
7

資券交易的
基本認識

當日沖銷的成交量卻往往占了股市總成交量的
三成左右。

信用交易是對於想買進股票而資金不足或想賣出股票而欠缺股票的投資人，由證券公司提供資金或股票予以融通的一種交易方式，在做法上則有多頭、空頭、斷頭的三種方式和結果。

先買後賣與先賣後買

根據統計，在股市多空不明的時候，當日沖銷的成交量總占股市總成交量的一成五左右；而當股市熱絡、成交量大增時，當日沖銷的成交量卻往往占了股市總成交量的三成左右，可見受歡迎的程度。當日沖銷的「三頭」，是必須先行認識的「專有名詞」：

（一）多頭

市場上有一種人，看好股市或某家公司的行情，預期股票將會上漲，所以先買進股票，等到股票上漲之後再賣出。有這種想法的人，叫做「多頭」。他們在股票操作的時候，做法上就是先買後賣。換句話說，就是先低價買進，然後高價賣出，這樣就賺到錢了。這樣的做法，叫做「作多」。至於當日沖銷的做法，就是當天先行融資買進一定數量的股票，在收盤前再以融券賣出同樣數量的股票，這樣就把股票軋掉了。

（二）空頭

市場上還有一種人，對未來抱著悲觀的態度，看壞股市或某家公司的行情，預期股價會下跌，所以在股價尚佳時借股票來賣，低價位時再把股票買回來還掉，一出一進，也能賺取差價。

有這種想法的人就是「空頭」；有這種做法的人，就叫做「作空」（或稱：放空）。他們在當日沖銷的做法，就是當天先行用融券賣出一定數量的股票，在收盤前再以融資買回同樣數量的股票，這樣也可以把股票軋掉了。

（三）斷頭

不論多頭或空頭，不論作多還是作空，如果這兩種操盤方法順利時，一樣都可以賺取差價。不過，當日沖銷的意思是當天軋掉。當天軋掉的好處，就是經過結算，投資人如果是賺錢，可以免付任何股款，就能贏得價差；萬一結算是賠錢的，也只要有足夠的差價能付出即可。

如果不軋掉，當然也可以把融資買進的股票或融券賣出的股票留下來，等到行情變成對自己有利、足以賺錢時再處理，但是你卻必須有錢來付全部的帳（以目前來看，融資買進，大約要付四～五成的股款；融券賣出，大約要付九成的股款）！如果你不軋掉股票，卻用錢把股票「吃」下來，沒想到股市行情變動幅度過大，因而造成你的保證金不足，又未能於限期內再補足保證金，此時證券公司為確保債權，一定會主動將你的擔保品出售或回補，以保障他們不致受累。

這時你就會「斷頭」了！有些大進大出的投資人，如果融資買進後，恰好遇上股市跌跌不休的「崩盤」，你又不肯認賠，也繳不出保證金；或你放空的個股不幸被持續軋空上漲時，那可就要傾家蕩產了！斷頭的概念，很明顯地可知是投資人看錯行情方向，卻又遲遲不肯認賠融資殺出或融券買回的結果。然而，對玩「當日沖銷」的人來說，卻不必擔心有這個麻煩。一天之內決勝負的好處，正是只賺或賠差價，沒有斷頭的可能！

■ 現金買賣股票和融資、融券買賣股票的比較

項目	現金買賣股票	融資、融券買賣股票
投資風險	低	高
投資成本	多	少
其他費用	不必支付融資利息	須支付利息或借券費
投資報酬	低	高
投資期間	可長期投資	只能短、中期投資

融資融券
如何計算金額？

這是一種「財務槓桿」原理的發揮，賺錢時固然加倍獲利，賠錢的時候，也是加倍虧損。

本節教你融資融券如何計算金額。這是一種「財務槓桿」原理的發揮，賺錢時固然加倍獲利，賠錢的時候，也是加倍虧損。想要當沖交易，應先看看證金單位所編製的「融資融券配額表」。

▌相關的八個基本概念

當日沖銷，有些規定是必須知道的：

（一）欲進行當沖交易者，應開立信用交易戶，並簽訂資券相抵交割的概括授權同意書。

（二）當某一檔個股面臨除權、除息或股東會，須辦理停止過戶時，由於有限券及融券回補的規定，所以那段期間就不可以當沖。

（三）如果某一檔個股已步入數量的配額限制時，也不容易取得券單資券相抵作業，所以想要當沖交易，應先看看證金單位所編製的「融資融券配額表」。

（四）當日沖銷單一個股的上限為750萬元，整戶上限則照投資人申請的級數而定。

（五）任何股票上市滿半年、每股淨值在票面之上，且經主管機關公告得為融資融券交易，才能當沖。

（六）有些上櫃股票禁止當日沖銷，有些可以做當沖，但個股的融券比例不一樣，要事先問清楚才做。

（七）零股交易、鉅額交易及以議價、拍賣、標購方式交易的股票，也不能當日沖銷。

（八）如果某一檔個股價格波動太大、股權過度集中及成交量過度異常，會被暫停融資、融券，自

然就無法當日沖銷。

一九八五年，臺灣股市因爆發了十信金融風暴，政府一度取消了當日沖銷的交易制度，不料，反而讓私下進行的「空中交易」非法組織坐大，擾亂了股市的正常交易。

到了一九九四年一月，政府有感於市場成交量萎縮，不利經濟發展，才又恢復了當日沖銷的制度。可見官方認為當沖交易是一體兩面的，有利有弊。

對於融資融券的當沖交易，新手最需要注意的是「自律」。

「自律」是贏家的護身符，資金控管是贏家最重要的守則。但是，玩當日沖銷的人經常缺乏「自律」，也就是缺乏「風險意識」。由於使用融資融券是一種「財務槓桿」原理的發揮，它賺錢時固然加倍獲利，但賠錢的時候，也是加倍虧損。

舉例來說，二〇一〇年七月二十三日鴻海的股票（代號：2317）平盤是125元，假如次日行情大好，甲和乙同時用26萬元的資金買進鴻海，價位都是130元。假設甲用的是融資，乙用的是現股買賣。結果當天臨收盤時跌停板了。甲被嚇得以市價（跌停板）賣掉了，結果如何呢？

甲一張鴻海的股票只要四折的資金（約5.2萬元），所以大約可以買5張左右。假如當天跌停板是120元。差價便是10元，先不管手續費多少，10元乘以1000股，再乘以5張，就等於5,0000元。所以，大約一天就要賠上5,0000元了。

而乙呢，他只能買兩張，不管手續費如何，10元乘以1000股，再乘以兩張，就等於2,0000元。當天淨值約略賠上2,0000元。當然，現金買賣，當天股票是不能賣的。但無論如何，甲的損失絕對遠在乙所能想像的範圍之外！

相反的，如果股價不是跌停板，而是漲停板，用融資買賣的人自然也賺得比較多了。至於手續費、交易稅等的細節，在本書第2章第11、12節已經提過了，在此不再重覆說明。

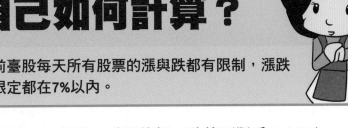

第三篇 section 9

漲跌停板，自己如何計算？

目前臺股每天所有股票的漲與跌都有限制，漲跌的限定都在7%以內。

股票當天的漲跌幅度有一個規定，就是以前一天收盤價的10%為限。我們必須看看「漲跌幅度的升降單位」表中的價格規定，有了這個表，才能計算出漲、跌停板的確實價格。

不能超過10%的限制門檻

目前臺股每天所有股票的漲與跌都有限制，漲跌的限定都在7%以內。「開盤價」是指在每個營業日中，各個股票買賣第一筆成交價格；「收盤價」則是指股票買賣最後一筆成交價格。而當天的漲跌幅度的限制，則是以前一天收盤價的7%為限。

以鴻海（代碼：2317）這支股票為例，二〇一〇年七月二十三日（星期五）的收盤價為125元，那麼鴻海的次一個交易日二〇一〇年七月二十六日（星期一）的漲停上限為133.5元，稱

為漲停板；跌停下限為116.5元，稱為跌停板。股市新手可能會問：125元的7%為 8.75元，那麼為什麼漲停板不是133.75元、跌停板為什麼不是116.25元呢？這就是因為漲跌的限定都在 7% 以內，不能超過這個規定。除此之外，我們還要看看本節的「漲跌幅度的升降單位」表中的價格規定，才能計算出漲、跌停板的確實價格。

我們再舉一個例子。以台紙（代碼：1902）這支股票為例，二〇一〇年七月二十三日（星期五）的收盤價為12.95元，那麼鴻海的次一個交易日二〇一〇年七月二十六日（星期一）的漲停上限為 13.85元，稱為漲停板；跌停下限為 12.05元，稱為跌停板。

股市新手可能會問：12.95 元的7% 為 0.9065 元，那麼為什麼漲停板不是 13.8565 元經過四捨五入後變成13.86 元？跌停板為什麼不

是 12.0435 元經過四捨五入後變成 12.04 元呢？

我們再舉一個例子。以義隆（代碼：2458）這支股票為例，二○一○年七月二十三日（星期五）的收盤價為 47.05 元，那麼鴻海的次一個交易日二○一○年七月二十六日（星期一）的漲停上限為 50.3 元，稱為漲停板；跌停下限為 43.8元，稱為跌停板。

股市新手可能會問：47.05元的7%為 3.2935 元，那麼為什麼漲停板不是 50.3435 元經過四捨五入後變成50.34元呢？跌停板為什麼不是 43.7565 元經過四捨五入後變成 43.76元呢？

我們再舉一個例子。以廣宇（代碼：2328）這支股票為例，二○一○年七月二十三日（星期五）的收盤價為 50.4 元，那麼鴻海的次一個交易日二○一○年七月二十六日（星期一）的漲停上限為 53.9 元，稱為漲停板；跌停下限為 46.9 元，稱為跌停板。

股市新手可能會問：50.4元的7%為 3.528 元，那麼為什麼漲停板不是 53.928 元、跌停板為什麼不是46.872 元呢？那是因為交易所營業細則除了將漲跌幅度限定在 7% 外，對各股的升降單位另有規定。

目前股價升降單位規定，已細分為六級：第一級每股市價未滿 10元者為一分，第二級 10 元至未滿 50 元者為五分，第三級 50 元至未滿 100元者為一角，第四級 100 元至未滿 500 元者為五角，第五級 500 元至未滿 1,000 元者為一元，第六級 1,000 元以上者為五元。

■ 漲跌幅度的升降單位

第一級	第二級	第三級	第四級	第五級	第六級
10元以下	10～50元	50～100元	100～500元	500～1,000元	1,000元以上
0.01元	0.05元	0.1元	0.5元	1元	5元

選股策略：
本益比愈低愈好

本益比是一種觀察股價高低與否的衡量標準，本益比是否合理，多以銀行利率比較的方式來決定。

本益比是一種觀察股價高低與否的衡量標準，本益比是否合理，多以銀行利率比較的方式來決定，目前已廣泛被全球投資人所接受，本益比愈高，表示股價偏高；本益比愈低，表示股價偏低。

要有隨時修正本益比的概念

「本益比」是法人機構與穩健的投資人極為重視的進出指標，又叫做「價益比」，是每股「市價」和每股「預估稅後純益」之比。

它的算法很簡單，只要拿每股的市價除以每股預估稅後純益即可。

很多股市新手可能從未碰過股市大起大落的事，但老手大都經歷過臺股在歷史上出現六十倍本益比的紀錄，那幾年非常風光的電子股，本益比也曾經愈喊愈高，資深投資人當年已經習慣於用高本益比追逐股價。但是，當臺灣經濟由高成長轉為中度成長，投資地域觀已經由臺灣轉為國際的情況下，無論是景氣行情或是資金行情都不容易再「歷史重演」了。

再加上傳統產業已經進入成熟期，原本高成長的電子股，面臨的是產品生命週期過短與股本過速膨脹；金融業面臨的是直接金融興起一再壓縮原本的市場；證券業面臨的是成交量不足的現象；即使是有指標作用的外資，也讓投資人開始懂得以國際比價的角度評估價值。

凡此現象都一再顯示：臺股本益比會經常進入修正時期，投資人更需要隨之修正的是態度與觀念，才能在趨勢改變的環境下，正確掌握投資報酬。那麼，到底臺股的本益比多少時，才可以買進呢？這跟你準備買股票時的銀行年利率有關。當年利率為 6% 時，本益比70左右可以買；當年利率為 8% 時，

本益比30左右可以買；當年利率為10%時，本益比10左右可以買。以上這些本益比的數字，又是如何算出來的呢？

假如以銀行6%的年利率為例來說明，拿100百萬到銀行定存生息，依6%的年利率可得到6,0000元的利息，這時本金和利息之比為100：6，也就是100÷6，經過四捨五入後，得到17的結果。如果把這100百萬拿去買股票，當這檔股票的本益比17、每股預估稅後純益6元時，投資股票的利潤才會跟6%的年利率相當。同樣的道理，年利率8%時，合理的本益比為13；年利率10%時，合理的本益比為10。

由此可知，在選股策略上，本益比愈低愈好。理由是：

（一）投資人買進績優股時，中長期持有，每年配股配息的收入跟銀行定存年息相當。

（二）如以合理的本益比買進股票，其股價必定偏低，再加上是中長期持有，一定還能夠賺到股票上漲的差價。

（三）買進股票後，不用擔心股價的漲跌，也不用每天到號子去看盤，靜待漲了一段之後再賣吧！用本益比的概念，也可以測出個股的底部。方法是：先估計個股那一年的預估每股盈餘是多少，再決定底部的買點。

在多頭市場時，如果某檔個股當年預估每股盈餘為3元，則在20倍以下（適用多頭市場），底部大買點是20倍本益比，即在60元以下是底部的合理買進價位；而在23倍本益比，即69元；在25倍本益比，即75元；在28倍本益比，即84元；30倍本益比，即90元，是頭部的位置。

Get point!

- 買本益比過高的股票，一旦大盤趨勢向下，時時刻刻會擔心股價的暴跌。

- 本益比多少可以買？跟你準備買股票時的銀行年利率有關。

如何買零股、興櫃與未上市股票？

零股買賣，是不足一千股的股票，它的交易時間則在盤後。

臺股依流通市場區分為「上市股票」、「上櫃股票」、「興櫃股票」、「未上市股票」等幾種，各有其買賣規定。至於零股買賣，則是不足一千股的股票，它的交易時間則在盤後。

關於零股買賣

零股買賣，是指股票數量不滿一個交易單位（即少於1000股）的買賣。零股的來源，多經由除權、除息的配股所產生。買賣零股，通常以一股為一交易單位。零股交易時間是星期一至星期五每日下午1時40分到2時3分。

當你在零股交易時間內打電話給營業員，告訴他要買賣哪支股票、數量，然後成交時間就在申報當日下午的2點3分。零股交易價格以普通交易市場當日個股開盤參考價上下7%為限，並於下午2點3分後以集合競價方式，一次撮合成交，

並以電腦回報證券商。不過，新上市股票如掛牌後首5日於普通交易採無漲跌幅限制者，其零股交易該段期間申報買賣價格亦為無漲跌幅限制。

關於興櫃股票

興櫃股票，是指已經申報上市（櫃）輔導契約之公開發行公司的普通股股票，在還沒有上市（櫃）掛牌之前，經過櫃檯中心核准買賣的股票。

所以會有興櫃股票的產生，是因未上市（櫃）股票透過盤商仲介交易弊端叢生。

不僅發行公司資訊不明，相關財務、業務資料不能即時公開；交易資訊也沒有客觀公正的揭示管道，成交資訊更是付之闕如，盤商操縱股價之情事也時有所聞。至於，成交後的款券交割方面，因為

買賣雙方互不信任，只能採取最原始的「一手交錢，一手交貨」方式，不但不方便，也缺乏效率。

為解決上述問題，提供未上市（櫃）公開發行公司的股票一個合法、安全、透明的交易市場，並將未上市（櫃）股票納入制度化管理，以保護投資大眾。

經過櫃檯中心廣泛徵詢各界意見後，新制股票名稱正式定名為「興櫃股票」。投資人買賣未上市（櫃）的興櫃股票，可以透過合法的證券商進行交易，並享有發行公司資訊公開、交易市場資訊透明及給付結算作業安全便利的多重保障。

關於未上市股票

未上市股票是指未上市也未上櫃但已公開發行的股票，主要是透過證券商私下議價進行買賣及交割，風險很大。臺灣的股票市場，只要不是在上市或上櫃的股票，都可以稱為「未上市股票」。從前上市上櫃市場上很熱門的華碩、技嘉、廣達、鍊德、臺灣大哥大等，也都曾是未上市市場的成員。

未上市公司又分為兩種，一種是「已公開發行」，一種是「未公開發行」。兩者的區別是在於公司的「股本」是否超過五億元。依照臺股的相關法令，凡公司股本超過五億元以上者，必須辦理公開發行。目前未上市股票的交易，除私下轉讓外，一般都是透過盤商買賣，在選擇盤商時，應特別注重盤商的誠信。

未上市股票買方最好選擇在股務部門，而賣方則以金融機構內較佳。因為買方可以立刻確定股票是否真的已在自己名下；賣方則可確認股款已入帳，或是避開身上握有大筆現金的風險。

Get point!

- 零股買賣透過網路下單或語音委託的方式就可辦到，極為方便。

- 未上市股票買方最好選擇在股務部門，而賣方則以金融機構內較佳。

如何申購新股？

新股中籤的股票，機會得來不易，適合長期抱牢，不宜稍有獲利即賣出。

看好新股的「蜜月行情」，凡是獲利潛力良好的公司，其新股的申購活動更是熱門。公司上市、上櫃大約前一個月的期間，是新股的申購期。投資人必須參加抽籤，才有機會搶到投資的機會。

熱門新股，申購中籤率低

剛剛上市、上櫃的股票，由於一般投資人都預期會有一段「蜜月行情」，所以搶購氣氛非常濃厚，尤其是一些獲利潛力、經營表現成績非常優良的公司，其新股更是熱門。投資人必須參加抽籤，才有機會搶到投資的機會。

公司上市、上櫃大約前一個月的期間，是新股的申購期。

投資人若要購買上市公司所發行的股票，除了到證券經紀商營業廳公開競價買進外，就是在股票新上市辦理公開承銷或是上市公司辦理現金增資公開承銷時，參加申購。臺股有這樣的規定：任何公司的股票在辦理公開上市之前，必須提撥一定比率的股票，交給證券承銷商進行公開承銷。

對於股票已上市的公司，在辦理現金增資發行新股時，若股權分散未達證管會規定的標準，也須提撥至少百分之十的股票，交由證券承銷商公開承銷。

新股的承銷價格如何？該公司會從近年的股利分配狀況、預估當年股利、公司淨值、預估當年盈餘等來決定。

先經董事會通過後，再與承銷的證券承銷商議定，最後經過會計師簽證後，向證管會報備即可。

目前，每股的承銷價格都會大幅超出面額。但是，雖然承銷價高出面額10元甚多，但由於近年來國

內股市處在多頭市場，因此新股上市之後，通常都會有一段為期不短、飆漲的「蜜月期」。因為利潤可觀，所以每當有新股公開承銷時，投資人明知購得的機會不大，仍然極為踴躍。

過去，新股新股辦理公開承銷的做法，是代銷的證券承銷商會在前三天，在《經濟日報》與《工商時報》上刊登公告。該公告詳細說明了申購手續、股票價格、申購數量（每人限購兩千股）、抽籤方式、並附印了股票申購書。

想要申購新股的人，必須剪下報紙上的股票申購書、詳細填好後，另附身分證正反面影本一份、申購處理費劃撥收據正本、回郵明信片等，在截止日之前，掛號郵寄給證券承銷商即可。

經過公開抽籤後，證券承銷商除了會在報上刊登中籤名單之外，並將發函通知中籤者。中籤的投資人接到通知後，應依規定辦妥繳交股款手續，即能順利地領到股票。

目前來說，新股申購的步驟已簡化如下：

（一）投資人可先向證券商諮詢最新的新股申購消息。

（二）確實欲買的新股名稱。

（三）在指定的銀行帳戶帳號，匯入足夠的資金。

（四）打電話向營業員申購該一檔新股。

（五）請營業員將你的申購新股資料輸入電腦。

（六）新股申購公開抽籤完畢。

七、如果抽籤被抽中，就會收到「中籤通知書」。

八、銀行會自動將投資人的帳戶扣除該付的款項。

九、該股票公司在上市上櫃之後，會把股票撥到投資人的證券集保帳戶中。

十、新股掛牌後，投資人可以任意下單，在市場中賣出該公司的新股。

第四篇

K線不可怕，就怕看不懂

　　股價上漲，常是各種複雜的因素造成。如果能了解股價上漲的原因，就知道此刻是利多來臨、適合作多的時機，這樣就不會做錯方向。

section

了解股價上漲的原因

股價上漲，常是各種複雜的因素所造成，
其敏感度之強烈，超過傳統經濟學家的預估。

股價上漲，常是各種複雜的因素所造成，其敏感度之強烈，超過傳統經濟學家的預估。如果能了解股價上漲的原因，就知道此刻是利多來臨、適合作多的時機，這樣就不會做錯方向。

股價上漲的內外在因素

造成股價上漲的原因有以下幾種：

（一）想買的人多，想賣的人少

當大多數的投資人都想買同一支股票的時候，股價就會漲。換句話說，股價的價格取決於市場的供需關係。某一檔股票如果籌碼本來就不多，再加上主力或大戶的炒作，那一支股票自然使得想買的人大增，於是價格隨之而漲。

（二）當景氣好時，股價容易漲

景氣好，想投資發財的人無不蠢蠢欲動，所以一般經濟分析學者常以經濟領先指標作為投資股票買賣的參考依據。這時，貿易順差、出口增加，就可賺回外匯，從而使得股市蓬勃發展，股價上升。

（三）利率下跌時，股價會上升

資金市場上利率的升降與股價水準之間始終維持著「翹翹板」的關係。國家政策的利率調低，會引導存款走入股市，這對股市會產生有利的上漲效果，而造成資金行情。

（四）新台幣升值，股價就會飆

國外熱錢流入國內時，新台幣自然升值；熱錢進入股市，股價就會飆。由於這非常有利於進口，所以以內銷為主而原料又進口的行業，股價看漲。

（五）油價下跌時，有利於股市

油價下跌時，則有利於股市的上漲。因為石油是人類的重要資源，與人民生活息息相關，例如汽

車、紡織、化纖、石化、化工等都與油料供應有關。油料的供應、油價的高低，對各行各業及各公司的產銷狀況及獲利能力絕對有關。

（六）商品價格漲，股價不寂寞

普通商品價格變動對股票市場有重要影響。具體來說，商品價格上漲，股價上漲。因為對於公司來說，庫存商品的價格上升，由於產品價格上漲的幅度高於借貸成本的上漲幅度，於是公司利潤會上升。

（七）股利分配多，股價隨著漲

公司盈利情況，是影響證券價格漲落的最重要基本因素。公司盈利多，股價才會漲。不過，在公司的股利分配上，也可以看出該公司的真正營運實況。不賺錢的公司怎麼會分配很多股利呢？所以，股利分配多，股價就容易受到支持而上漲。

（八）調融資比率，股價可攀高

股市資金主要來自於散戶的積蓄、大戶的投資組合、財團的炒作及地下丙種資金的供給，而融資比率的升降，顯示股市信用的擴張或收縮情況。融資比率提高時，股市信用擴張，股價應當上升。

（九）政治日日好，股價步步高

例如蔣經國晚年宣布解嚴，政治走向民主，於是造成一段大多頭的股市行情。那時的強勢股幾乎天天漲停板。尤其在選舉的時候，執政的一方會為了讓民眾覺得經濟良好、生活幸福，容易拉到選票，所以通常會在股市護盤。如果執政黨沒有重大的缺失，這樣的護盤行動也會有效。所以就有所謂的「選舉行情」，使股價拉高。

Get point!

- 股市氣勢盛衰取決於投資人的信心強弱，而信心來自對時代環境的了解。

- 多頭初期可買投機的熱門股，多頭後期可買業績好的冷門股。

了解股價下跌的原因

一個企業沒有賺錢，便是一種罪惡，投資人千萬要提防股價下跌。

在股票的操作上，除了作多能夠賺錢之外，還有「作空」的方法，那就是看壞後市、等股價滑跌時再補回的行為稱「空頭」。

想要作空，就先得了解股價下跌的原因，才有勝算。

證券之外的四大機構

造成股價下跌的原因有以下幾種：

（一）想買的人少，想賣的人多

當大多數的投資人都想趕快賣掉同一支股票的時候，股價就會跌。

就好像「羊群理論」一樣，許多羊群關在同一個欄中，一旦受到驚嚇，要在同一個時間，從一個很狹小的門口擠出，怎麼不會互相踐踏而損失呢？這就是「多殺多」的效應。

（二）當景氣壞時，股價容易跌

景氣不好，想投資發財的人難以如願。經建會所編製的「臺灣景氣指標」包括三部分：景氣對策信號、景氣動向指標以及產業景氣調查。

其中「景氣對策信號」，常被一些做長線投資的人作為參考線索。紅燈和黃紅燈，是股市的賣出信號。

（三）利率上升時，股價會下挫

國家政策調高利率之後，對股市會產生不利效果，包括：經濟活動減緩、消費減少，失業率升高，整體國民所得下降，到時投資於股市的人數也跟著下降，在缺乏新的資金進場推動股價的情形下，股價自然盤跌而下。

（四）新台幣貶值，股價就會跌

國外熱錢不流入國內，新台幣就很難升值；熱錢不進入股市，股

價就不會飆。新台幣貶值不利於進口，所以以內銷為主而原料又進口的行業，股價看跌。

（五）油價上漲時，對股市不利

股市的投資最怕油價上漲了，因為油價一漲，股價就會跌。怎麼說？因為石油是人類的重要資源，與人民生活息息相關，例如汽車、紡織、化纖、石化、化工等都與油料供應有關。油料的供應、油價的高低，對各行各業及各公司的產銷狀況及獲利能力絕對有關。

（六）商品價格降，股價跟著跌

普通商品價格變動對股票市場的影響是：商品價格無法調漲的話，表示市面上相同的產品太多，缺乏競爭力，所以股價會跌。因為對於公司來說，庫存商品的價格難調高，公司利潤也不會有多好。那麼，股價自然無法好轉。

（七）股利分配少，股價難變好

公司盈利情況，是影響股價漲落的基本因素。公司盈利少，股價就會不振。因此，在公司的股利分配上，自然可以看出該公司的真正營運實況。不賺錢的公司怎麼會分配很多股利呢？所以，股利分配少，股價也會因投資人的失望而降低了。

（八）調低融資率，操盤變不易

臺灣對可以設立信用交易的投資者有融資融券額度的規定，對融資比例與融券保證金的比例也有規定，一般來說，當融資比率下降時，股市信用交易也會跟著收縮，因而股價也會隨之挫落。

（九）政治局面壞，股價也崩壞

當政治局面不好的時候，所謂「民不與官鬥」的思想便出現了。因此，大家都認為股價會跌，於是不敢買進。不僅散戶如此，大戶、主力也是如此。

這樣一來，股價焉能不跌？尤其是戰爭，通常被視為政治因素中最具決定性的因素，對股價至少有短期的殺傷力。這時候，千萬不可存有「作多」的心理。除非政府有相當的決心與實力護盤。

投顧老師的話可信嗎？

投顧老師靠押寶式的報明牌，那你不會省下錢自己押寶嗎？

在行情不好的時候，聽投顧老師的話，無異於吃毒藥；在大多頭時期，他們常常報了一大堆股票「明牌」，哪一檔碰對了，就一直講那一檔。如果你選了其他錯誤的股票，他們是不負責的。

投顧老師習慣亂槍打鳥

臺灣股市有「投顧老師」這一行業，由來已久。很多人參加過他們的會員賠了錢之後，早已不再信任投顧老師了。但是，臺灣的投資人此起彼伏，永遠有新的一群新手誕生。

股市新手在股市失敗之後，有些人從此不敢再玩股票了；但是，更多人是不甘心認賠出場，反而希望從付出幾萬的投顧公司會員費用能賺回更多的錢。因此，這一行業迄仍可蓬勃發展。

仔細瞧瞧這些投顧老師的言論內容不外：

（一）臺股大盤的分析。

（二）未來走勢的預測。

（三）個別產業的剖析。

（四）政經情勢對股市的影響。

（五）個股的分析與推薦。

在上述的內容中，散戶最關心的是第五項「個股的分析與推薦」，因為我們在投顧老師的電視解盤節目或演講會場中可以想見，最想要看到或聽到的當然是股票「明牌」。其實，投顧老師也很清楚知道觀眾或聽眾的需求，通常都會當場推薦幾支股票，以滿足要求。

問題是，這些投顧老師的話可信嗎？有經驗的人都知道，基本上都沒什麼用的。

在大多頭的時期，這些投顧老師的明牌就比較有用（如果你懂技

術分析，你也可以跟他一樣選股賺錢），因為他們會告訴你的絕對不只一支股票，而是七、八支以上，當（一）兩天後其中某一檔股票表現不錯時，他就一直在那些股票上宣傳自己的「準確度」；至於其他表現奇差無比的股票，則再也不提了。

這就是他們共同的營業特色！而當股市行情很差的時候，他們報的「明牌」往往是毒藥！

那麼，投顧老師的話值得聽嗎？何況還得付出相當的代價！大抵來說，投顧老師的話不可信的理由如下：

（一）投顧老師往往只能在事後分析，沒辦法在事前預測。所以，他們也無法確知什麼股票一定會讓你賺錢。

（二）股市漲跌的機率各半，而投顧老師預測股市漲跌的機率也是各半，有一半猜中的機會。所以，投顧老師並不難當，只要稍懂股票理論，敢公開上臺講話，又口齒清晰就夠了。

（三）一般散戶大都不太懂股票，渴望投顧老師提供給他們意見。而散戶都會牢記他們預測準確的那幾次，卻會淡忘（或原諒）預測不準確的那幾次。何況他們很少預測，只是分析而已。

（四）投顧公司喜歡押寶式的報明牌，一次報二十支股票，不中個一兩支也難。但誰有錢每一種股票都買看看呢？買錯了股票，投顧老師很少負起責任來的。

（五）投顧老師只是應股市的需要所產生的一種職業。他們若能準確地預測出某支股票的漲跌，那就待在家裡買賣股票、輕鬆地賺大錢，何必每天辛苦地演講、解盤、寫傳真稿，來賺這些血汗錢呢？直接地說，這些投顧老師只會自吹自擂、隱惡揚善而已。

Get point!

● 許多投資人常看電視買股票，沒有自己的投資主張，而造成無謂的損失。

主力的股票可以跟嗎？

跟進小型股才有其危險性，真正值得跟進的反而是主力股。

有人認為「主力股不可跟」，以免受害。其實，散戶並不太了解理由。那是指跟進小型股才有其危險性。真正值得跟進的反而是主力股，因為主力股才會大漲，難道這不是我們所要的結果嗎？

跟進主力股的三大原則

主力股的股票是一定要跟的，因為主力在股市可說呼風喚雨、影響力極大。但是，怎樣跟才跟得對、跟得好，而不致受傷？這就需要一些股市智慧了。茲分述如下：

（一）跟大不跟小

跟進股本大、成交量也大的主力股，比較安全。因為如果那一檔股票的成交量很大，表示主力不一定只有一人，這樣的主力會比較小心，當他大量買進或大量賣出時，因為考慮到可能有其他主力的存在，所以他的操盤就比較理性。你在這樣的主力帶領下，反而是比較

安全的。而且成交量大，不會一下拉到漲停板，也不會一下打到跌停板，這對於你的跟進跟出都比較方便。要買，買得到；要賣，賣得到。

相反的，如果是小型股，或成交量小的個股，除非你是股市老手，或者深知這檔股票炒手的背景或內幕，不然他殺進殺出都對他有利，卻對你有害。

怎麼說呢？因為他買進時，可能幾分鐘內就漲停板了，你很容易追到高點；如果他殺出時，因為主力的進出量大，很容易就殺到了跌停板的位置。所以，對於散戶來說，是極為吃虧的。

（二）熟諳主力的炒作過程

《孫子兵法》上說：「知己知彼，百戰不殆。」散戶若要有效地對付大戶的炒作，首先必須先搞清楚大戶操盤的步驟。

大戶在操盤炒作時，其慣用的伎倆無非進貨、拉抬、洗盤、出貨等四大步驟。大戶進貨的方式，不是利用股價在低價時在市場大量買進，就是向上市公司董監事商量同意後，巨額低價轉帳。

接下來，大戶進完貨，吸足籌碼之後，通常會利用「高出低進」等的方法來拉抬股價。同時，大戶洗盤的目的，乃是要洗清信心不足的浮額，集中籌碼，並墊高散戶持股成本，以便完全控制以後的漲幅。最常見的洗盤方式，就是高出低進。

大戶在高檔賣出後，同時大力摜壓，故意製造恐慌性的賣壓，使信心不足的散戶害怕後殺出，再於低檔補回，再度拉抬。如此上下沖洗幾回後，大戶不但賺到了差價，而且達到了洗清浮額的目的。最後，主力就出貨了。散戶應十分了解主力的炒作過程，才不會吃虧。

（三）懂得如何搭轎

散戶在如悉大戶炒作的策略之後，要懂得好好的搭轎。首先，在大戶進貨時，跟著進貨，也就是應該在RSI達二十以下、人氣悲觀到極點、個股打底完成時、個股業績遠景看好時、個股有董監事行情，跟著大戶進貨。

然後，在大戶拉抬時，運用金字塔操作，分批加碼買進。接著，在大戶洗盤時，持股抱牢。最後，在大戶出貨時，跟著出貨，也就是應該在RSI達九十以上、人氣樂觀到極點、個股出現頭部時、個股董監事改選結束時，跟著大戶出貨。

最重要的是：大戶在出貨時，常出現成交量突然放大而股價漲不上來的現象，這時應拋出全部持股。

Get point!

● 股本小的公司股票，容易產生黑馬。但跟進要小心！

● 股價要漲，條件是有人買；股價要大漲，條件是有主力買。

什麼叫做K線？
它是如何畫出？

從K線中，我們可明顯地看出買賣雙方力道的消長，市場主力操作的動向等。

一般所謂的 K 線，就是以股市實際交易的紀錄，將各種股票每日、每週、每月的開盤價、收盤價、最高價、最低價等漲跌變化狀況，用繪圖方式表現出來的意思。畫法很簡單。

下跌行情如何選股？

K線是日本德川幕府時代，在米市場中，計算米價每天漲跌所使用的一種圖解方法。後來有人把這套圖解方法，引用到股市每段期間的漲跌，反應甚佳，於是乃逐漸變成股票技術分析的一種重要理論。至於K線由何人發明？如何又稱之為K線？均已不可考。

在技術分析上，一般所謂的K線，就是以股市實際交易的紀錄，將各種股票每日、每週、每月的開盤價、收盤價、最高價、最低價等漲跌變化狀況，用繪圖方式表現出來的意思。

從K線中，我們可明顯地看出買賣雙方力道的消長，市場主力操作的動向，以及股市中漲、跌、盤等三種基本行情的變化，然後經由圖形研判出股價的未來走勢，進而決定買或賣的最佳時機。因此，如今K線已成為投資大眾最重視的股票技術分析工具。

K線圖經由國外許多專家的統計、分析、整理後，已經建立了一套股票技術分析理論。換言之，在出現了某種圖形後，常能預測出未來股價的漲跌。然而，K線圖常受客觀因素的影響，因而改變了習慣性的動向，所以其預測股價漲跌的準確性並非百分之百。也就是說，在運用K線圖時，必須參考其他影響股價的因素，萬萬不可頂禮膜拜，走火入魔。

由於計算基數的不同，K線可分為日線、週線、月線等三種，而K線的畫法，就是依每股交易期間

的開盤價與收盤價，用實體的紅黑線表現出來，並把最高價與最低價用虛體的引線表現出來。

以某年某月某日某一檔股票的股價為例，開盤價14.2元，收盤價13.9元，最高價14.25元，最低價13.8元，那麼這檔股票的日線圖可依下列三步驟來完成（見圖）：

（一）在事先設計好的統計圖

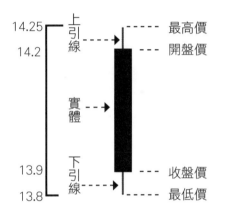

表上，依開盤與收盤的價格，各畫一條橫線。（當收盤價高於開盤價時，收盤價在上，開盤價在下；反之，開盤價在上，收盤價在下。）

（二）把開盤價與收盤價橫線之兩端連接起來，形成一個長方形的實體。當收盤價高於開盤價時，此實體更塗上紅色，稱之為紅體線；反之，此實體便塗上黑色，稱

之為黑體線。（在實際運用上，基於印刷上的方便，均以空白實體代替紅色實體。）

（三）至於最高價與最低價，則在開盤價與收盤價的上下方各點一點，然後用直線連接起來，成為上下引線。上引線的頂點表示最高價，下引線的底點表示最低價。

如此，一張K線就畫成了。原則上，紅線體表示買盤較強、賣盤較弱，黑線體表示賣盤較強、買盤較弱。而上引線愈長，表示上檔的賣壓愈強；下引線愈長，表示下檔的承接力道愈強。

Get point!

● 行情曲線圖，是投資大眾所創造出來的藝術。

● 上引線愈長，表示上檔的賣壓愈強；下引線愈長，表示下檔的承接力道愈強。

W底的股票，讓你江山穩固

在K線常見的圖形中，W底是必須知道的基本圖形。出現這種圖形，適合作多。

W底是股票技術分析中，常見的圖形。股價在下跌行情的末期裡，由於賣壓減少，底部獲得支撐後，反彈回升，必須經過兩、三次的回跌，才能知道它回升的力量是否可靠、穩固。

K線W底圖形全攻略

在K線常見的圖形中，W底是必須知道的基本圖形。出現這種圖形，適合作多。所謂W底，就是雙重底。「W」是指股價走勢有如英文字母W的形狀，「底」是打底，即以W型態在此價位區盤整、打底的意思。

W底經由下面兩個步驟而形成（見右頁圖）：

（一）股價在下跌行情的末期裡，由於賣壓減少，底部獲得支撐後，反彈回升，到達一個高點，完成了W底的前半段。

（二）接著，股價又從高點滑下，跌到上次的底部又獲支撐，然後再度反彈，上升超過前次的高點，不但完成二度探底，也完成了W底的後半段，形成一個完整的W底。

W底兩度探底的支撐點相當，而後股價與成交量常出現同步現象，即價跌量縮、價漲量增，這表示已經逐漸洗清浮額，買盤的力道正增強之中。

當股價下跌至某價位區時，由於有支撐而止跌回升，此一獲得支撐的價位區，稱為「底」。股價在下跌行情中，一路下滑，不知底在那裡，經過一次或多次下跌至某價位區即止跌回升，此種舉動稱之為「探底」。

在技術分析中，打底與探底是不同的意義。當股價下跌，往下探底獲得支撐後，股價不見立即彈

升，而在支撐價位區盤檔整理一段期間，待洗清浮額後，即離開底部而上揚。此一盤檔整理的行為，稱之為「打底」。

必須知道的是，在形成W底的過程中，二度探底反彈超過頸線後，倘若發生第三次回跌，其跌幅不得超過第二次跌幅的三分之一（或不破頸線），而後立即反彈，創另一新高點，W底才算正式確立。否則，可能仍然是個盤局。

W底是最標準的底部反轉型態之一，一旦W底確認後，股價必定反轉上揚，因此投資人應在此時毫不猶豫地買進股票。

此外，當一檔股票持續下跌到某一個價位後出現技術性反彈，但回升幅度不大，時間也不長，股價又再下跌，當跌到上次低點時卻獲得支持，再一次回升，這次回升時成交量要大於前次反彈時的成交量。股價在這段時間的移動軌跡就像W字，這也叫做雙重底或W走勢。

當W底頸線跌破時，就是一個可靠的出貨訊號；而雙底的頸線衝破，則是一個買進的訊號。

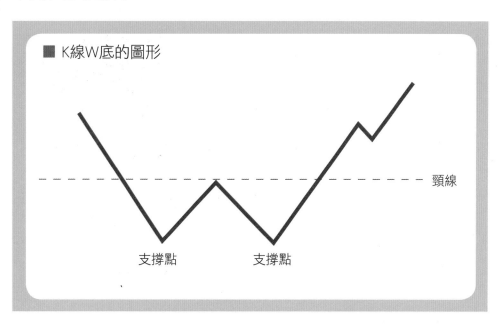

■ K線W底的圖形

頸線

支撐點　　　支撐點

在W底的圖形中，有幾點需要注意：

（一）形成第一個W底時，其下跌的低點約是最高點的１０％～２０％（底部回升的幅度也差不多。）

（二）W底不一定都是反轉信號，有時也會是整理形態，這要看兩個波谷的時間差來決定，通常兩個高點（或兩個低點）形成的時間相隔超過一個月，是很常見的。

（三）W底第二個底部成交量往往要量縮，但在突破頸線時，必須得到成交量激增的配合才可確認。

（四）通常突破頸線後，會出現短暫的反方向移動，稱之為反彈，W底只要反彈不低於頸線，型態依然有效。

W底是最標準的底部反轉型態。

M頭將形成，要保命快逃開

在股市中如果不清楚什麼是M頭、不懂得逃命線之所在，必然慘敗。

投資就像球賽一樣，即使前面贏，也要戰戰兢兢，以免像三國時代的戰將關雲長，最後落了個「大意失荊州」的局面。在股市中如果不清楚什麼是M頭、不懂得逃命線之所在，必然慘敗！

K線M頭圖形全攻略

有很多股市投資人常常覺得惡運纏身，即所謂「買這個也套，買那個也套」、「剛剛買進就跌，剛剛賣出就漲」，彷彿真是「福無雙至，禍不單行」。

有些人更認為自己需要去改運，或者換一家號子進出看看，以「換換風水」。其實，真的是這樣嗎？真的是運氣不好嗎？其實，這些都是不了解股票、不懂股性的結果。

例如，在股票技術分析K線的「M頭」圖形中，有所謂的「逃命線」。如果你不懂，碰到大跌行情的時候，一定難以逃開惡運連連的命運；但是，如果你懂，就能夠明哲保身了。

所謂的「逃命線」，是指當股價跌破頸線，其後卻出現一波反彈走勢，但是，這並非意味著從此股價就一直上升了，而是一種受到重挫恐懼的、暫時的「報復性反彈」現象，不會長久上揚的。

此時手上有持股的投資人，本來就因股市重挫而忐忑不安，更不可因此反彈而見獵心喜，相反的，應該把握時機利用這一波反彈的機會出脫持股，以免此波反彈力道結束時股價再度跌深，那就「自作孽，不可活」了。

要了解K線圖形中「M頭」是什麼，就必須先弄清楚股市中的「頭」的含義。當股價上漲至某價位區時，屢次遭遇上檔賣壓的阻

力，使上升的股價受挫而急速回跌，此一遭遇阻力無法向上突破的價位區，稱之為「頭」。

所謂 M 頭，「M」是指其股價走勢有如英文字母M的形狀，而「頭」則指股價到頂，已達無法向上突破的價位區的意思。

M頭經由下面兩個步驟而形成（見下圖）：

（一）股價在上升行情的末升段裡，因為碰到短線獲利回吐的賣壓，一般都會出現很大的成交量，

然後，股價開始下滑。不久，成交量開始明顯萎縮，於是形成了「第一高峰」。

（二）然後，當股價從「第一高峰」的低點反彈，上升到第一高峰高點附近，又會碰到前一陣子被套的投資人想要出貨的賣壓，於是爆發出更大的成交量（但它的成交量並不會比第一高峰點的時候大）。

接著，股價回跌，而且跌破了第一高峰的低點，於是形成了「第

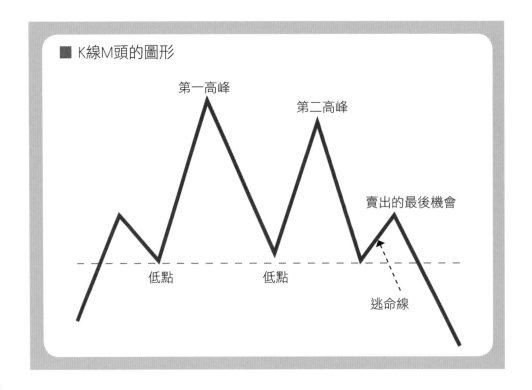

■ K線M頭的圖形

第一高峰

第二高峰

賣出的最後機會

低點　　　　低點

逃命線

二高峰」。這第二高峰通常不比第一高峰高。但是，這兩個高峰就會形成了M頭。

M 頭的主峰不明顯，兩個波峰的高度相當，而且向上突破賣壓時的成交量，有一波比一波低的趨向，表示買盤的力道已逐漸衰竭了。不過，股價的跌幅必須超過頸線價格百分之三以上時，M頭才算確立，否則可能形成盤局。

當某支股票一旦確認出現M頭後，其股價必定反轉下挫，所以投資人就得在此時毅然決然地賣出手中持股。

值得留意的是，股價從第二高峰的高峰下跌，跌破第一高峰的低點（也叫做頸線）的時候，通常會有一波小反彈。在這一段小反彈的過程中，就是投資人能不能度過難關的抉擇所在了。

因為這是最後的反彈，一般稱為「逃命線」，也是投資人賣出持投的最後機會。否則，讓股價再次從小反彈的高處一路下滑，就再也不見反彈了。

Get point!

- 人需要考驗，才知道忠奸；股票也需要二度打底，才能確立有沒有支撐。

- 股市由低谷反彈為不穩定期，一定要看線型決定進出。

- 「第二高峰」比「第一高峰」低，是一個盤勢變壞的明顯徵兆。

- 股市的先見之明，也常常表現在能看出危險所在，並從容逃命。

從K線圖 把握買進訊號

K線是股價波動的直接表態，我們從K線組合中，可以得到很好的買進訊號。

根K線所代表的意義有限，但是，如果許多K線排列在一起的時候，它所代表的意義與其背後多空交戰的狀況，卻很容易判斷出來。我們從這些組合中，可以得到很好的買進訊號。

K線組合顯示的買進訊號

以技術指標的進場訊號作為操作的依據，大致有以下的買進訊號：

（一）急跌之後出現長陽線或是長下引線

K線是股價波動的直接表態，如果股價連續下跌，但在急跌之後出現開低走高且柱體較長的實體紅線，或是K線留下一段很長的下引線。

常有盤中急速漲停卻無量的情形，表示下檔承接的支撐力量瞬間增強，是急跌反彈的攻擊訊號，不過，這常是又快又準的訊號。直到價位回升到之前下跌的套牢區附近才配合成交量的擴張，如果股價顯出投資人的追價意願高，則有可能繼續拉高價格。這是良好的買進訊號。

（二）一紅吃三黑，配合成交量擴增

在股價連續三天以上開高走低而收黑，使K線出現連續三根陰線之後，第四天出現開低走高的行情，且股價回升的幅度已超過前三天累積的跌幅，也就是第四天的收盤價高於或至少等於前三日的最高價，凸顯出買盤力道的強勁，極有可能將短期的跌勢扭轉，再配合成交量也隨之擴增時，為買進訊號。

（三）股價由下向上，穿破均線

最常作為判斷買點的訊號，就是利用葛蘭碧八大法則，以股價由下向上突破移動平均線為買進股票的時機，或是股價拉回至均線附近

就止跌，這就是買進契機。另外，移動平均線向上傾斜的角度愈大（即愈陡峭），助漲的力道愈強。

（四）均線呈現黃金交叉

短期移動平均線由下向上穿過中、長期移動平均線，稱為「黃金交叉」，是非常強烈的攻擊訊號，但較常見的狀況是多條均線交纏在一起，維持一小段持平的線形，一旦股價突破均線而站穩攻擊位置，如開低走高且量價齊揚，就是非常好的進場時機。就個股日線圖來看，有許多股本不大的小型股，常常具有這種潛力。

（五）均線呈現多頭排列

移動平均線的平均天數愈短，就愈影響股價走勢。臺股多以五日、十二日移動平均線為短線進出的參考依據，這是以交易日週期為計算天數。而以七十二日均線（即十二週移動平均線，又稱為季線）作為中長期的參考依據。

在臺灣股市，季線在股價下跌時常能發揮下檔支撐的力量，可以採取較攻擊型的策略，也就是說在沒有實質景氣面或公司營運上的問題時，股價跌到季線附近時應檢視反彈量能，可少量進場測試。

否則，季線在股價上漲時就變成股價上檔的壓力，就應保守為之，站穩季線三天以上回升行情才算確立。如果除了持穩在季線之上，且短、中、長期移動平均線呈多頭排列，則未來表現空間更大。

Get point!

- 真金不怕火，所以「黃金交叉」是非常強烈的攻擊訊號。

- 多頭排列，沒有具體的量化概念，必須用經驗取得有效的標準來衡量。

賣股票的學問，遠比買股票的學問大。那是一定的。如何把握賣股票的時機呢？不但可以從K線組合的線型看出，也可以從技術指標看出來。不過，這都是要有點技術分析的基本認識。

K線組合顯示的賣出訊號

以技術指標的進場訊號作為操作的依據，大致有以下的買進訊號：

（一）均線呈現死亡交叉

在操作股票時，當股價漲到某個區位時，會遇到無法向上突破，甚至造成股價下挫的障礙，稱為「壓力」。而短期移動平均線由上向下穿過中、長期移動平均線，稱為「死亡交叉」，是非常強烈的賣出訊號。

（二）均線呈現空頭排列

股價到達以往的高價，投資人預期股價已到頂點的心理因素開始發酵，再加上前波套牢的人遇到此價位，便會萌生賣出解套的念頭。這兩股力量合流，產生壓力。

行情漲升到成交紀錄密集的價位區時，由於先前在這價位遭到套牢的投資人數目不少，所以會遇到他們的解套賣壓。與上一節我們提過的「均線呈現多頭排列」相反的道理，一旦股票的「均線呈現空頭排列」時，就是賣出訊號。

（三）相對強弱指標呈超買狀態時

所謂RSI，就是相對強弱指標的意思。股票價格變動，均有軌跡可尋，如果在短期內漲幅過大或跌幅過深，脫離軌道時，最後還是要回到原來的軌道上。

因此我們可以利用某段期間內商品價格變動的強弱指標，預測其未來價格變動的趨向：

①倘若某支股票的RSI高於

八十之時，表示該股已進入超買區，未來回檔的機會很大，投資人應逢高分批賣出。

②倘若某支股票的RSI高於九十之時，表示該股超買的情形非常嚴重，投資人應儘量減少持股，甚至出脫全部股票，才是上策。

③六日RSI適用研判短期行情，而十二日RSI則適用研判中期行情。

（四）出現葛蘭碧賣出原則時

美國名投資專家葛蘭碧所提出的八個基本的股票操作原則中，有「賣出的四個時機」，值得參考：

①移動平均線從上升趨於平穩，而且股價從移動平均線的上方向下突破時。

②股價趨於移動平均線的下方，而後股價上升，但未突破移動平均線，就反轉回跌時。

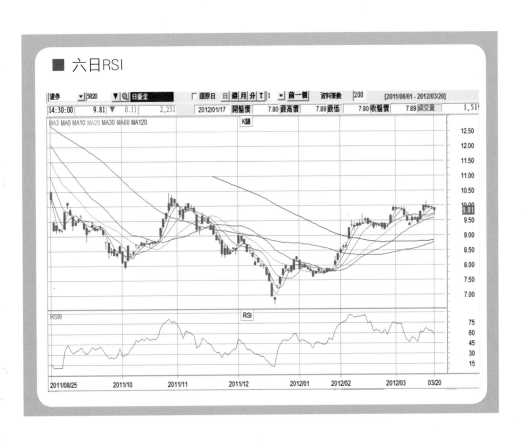

■ 六日RSI

③股價處在移動平均線的下方，而後股價上升，雖然突破移動平均線，但很快就又跌回移動平均線之下，而且移動平均線還呈現下挫之勢時。

④股價與移動平均線均處漲勢，而股價處於移動平均線的上方，突然暴漲，距離移動平均線很遠、乖離過大時。

（四）移動平均線乖離過大時

葛蘭碧所提出的理論說「距離移動平均線很遠、乖離過大」時，有些抽象，於是後人便創造出較為明確的「乖離率」來補其不足。股價與移動平均線均處漲勢，而股價處於移動平均線的上方，突然暴漲，距離移動平均線很遠，乖離過大時，是賣出訊號。

沒錯，但是，我們根據過去多年的統計資料，發現使用乖離率的基本原則如下：

（一）十日乖離率達負5%，是買進的訊號；若達正 5% 以上時，是賣出的訊號。

（二）三十日乖離率達負7%

時，是買進的訊號；若達正 8% 以上時，是賣出的訊號。

（三）七十二日乖離率達負11% 時，是買進的訊號；若達正14% 以上時，是賣出的訊號。

Get point!

- 會買的只是徒弟，會賣的才是師傅。

- 下滑的速度絕對比往上爬的速度快——因此，一定要學會把握時機賣出股票才能避險。

摸熟 四大技術指標

技術分析是一種客觀的分析，所以股市新手最好能把最重要的四大技術指標弄清楚。

技術分析是一種客觀的分析，過濾了分析者主觀的見解，而純粹以數學計算出來的程式呈現，有其邏輯性而非單憑直覺就入場，所以股市新手最好能把最重要的四大技術指標弄清楚。

所有軟體設計必備的內容

最常見、最普遍使用的技術指標如下：

（一）相對強弱指標（RSI）

相對強弱指標RSI（Relative Strength Index的縮寫），是王爾德（J.Wells Wider Jr.）的創見，他也是創立「亞當理論」的同一人。

王爾德長期觀察商品價格的變動之後發現任何商品價格的變動，都有一定的法則：如果在短期內，商品的價格漲幅過高或跌幅過深，以致脫離了正常價格軌道時，最後仍舊會回到原來正常價格的軌道上。因此，王爾德就計算出某種商品一段期間內價格變動的強弱指標——就是RSI，從中預測出該商品未來的變動。

後來，有人覺得王爾德用RSI預測預測商品價格的變動，相當的準確，就把這種理論套用在預測股價的變動上。結果發現，原來RSI在預測短期股價的變動上，也有一定的準確度，所以如今在股市的技術分析上已很盛行。

（二）價量關係（成交量值）

技術分析呈現的價格走向，與成交量配合，便能呈現股票市場的整體面貌。歸納成交量與價格之間的關係，有下列幾項：

①如果沒有大量投資人認同搶進，股價漲勢不會持久；同樣的，當價格持續上漲至高檔，獲利了結者紛紛出場，如果沒有一定數量的投資人看好後市，進場承接，股價

必然下挫。所以，股價漲升的基礎在於高成交量。

②判定底部是否確實形成，必須看右底的成交量是否大於左底，也就是一底比一底大量。反彈後，如成交量一波比一波高，則可視為多頭趨勢。相反的，判定頭部是否確實形成，必須看成交量是否逐漸遞減。

③如果量價配合，多頭就會持久。

④如果量價背離，情勢恐將逆轉。

（三）平滑異同移動平均線（MACD）

ＭＡＣＤ是根據移動平均線較易掌握趨勢變動的方向之優點所發展出來的，它是利用二條不同速度（一條變動的速率快──短期的移動平均線，另一條較慢──長期的移動平均線）的指標平滑移動平均線來計算二者之間的差離狀況（ＤＩＦ）作為研判行情的基礎。

然後再求取其ＤＩＦ之9日平滑移動平均線，即ＭＡＣＤ線。Ｍ

ＡＣＤ實際就是運用快速與慢速移動平均線聚合與分離的徵兆，來研判買進與賣進的時機和訊號。

（四）隨機指標（KD）

隨機指標，在圖表上也簡稱ＫＤ線。在大盤上升而未轉向之前，每日多數都會偏於高價位收盤，而下跌時收盤價就常會偏於低價位。

隨機指標還在設計中充分考慮價格波動的隨機震幅和中、短期波動的測算，使其短期測市功能比移動平均線更準確有效，在市場短期超買超賣的預測方面，也比強弱指標敏感。因此，隨機指標作為股市的中、短期技術指標工具很實用。近年來，一般股票軟體都用9日為取樣線。

Get point!

- 在股市裡面，勾心鬥角、爾虞我詐、謠言滿天飛，只有價量的變化假不了。

- 只要把四大技術指標弄懂，操盤成功率就贏了一半。

如何看待籌碼面？

籌碼計算，包括分布狀況、買進賣出個股的價格因素、鎖定率多高、價量是否配合得當等。

股市中影響股價波動的因素，固然很多，但很容易受到忽略的卻是籌碼面。籌碼計算，包括籌碼的分布狀況、買進賣出個股的價格因素、鎖定率多高、價量是否配合得當、買氣如何等。

籌碼面的面面觀

股市中常說「籌碼」如何如何，那麼，到底「籌碼」是什麼呢？

籌碼的原意，本是在賭場上代替賭資的東西，有的像塑膠硬幣，有的是紙幣，可說種類繁多，但在股市中所說的「籌碼」，則是引用這個比喻，其實就是指買進賣出股票時的金錢。

由於股票的成交價值差異很大、每股的價值無法統一，所以我們只好用籌碼這兩字來代替。不過，籌碼不單指金錢，它還包括股票的數量，也能說是籌碼。例如，買進、賣出的股票有多少，以及流通在外的股票有多少張，都可以用「有多少籌碼」來代替。

上市公司的籌碼，也是會變動的。變動的原因如下：

（一）籌碼因故減少

①公司減資。

②股票新上市，三年內列管。

③銀行利息上升、資金撤離臺灣等導致熱錢消退。

（二）籌碼因故增加

①公司除權。

②公司增資。

③融資買進數量，成為融券放空數量。

④銀行利息下降、資金湧進臺灣等導致熱錢流進。

大盤的籌碼是很難計算的，但是個股的股本有限，計算籌碼反而是最容易達成的手段。

要想成為股市的贏家，要懂得計算籌碼。例如某一檔股票的籌碼都分布在哪裡？這些籌碼被誰買去了？他花了多少錢？有沒有獲利？他的成本價多少？他還不會加碼買進？會不會立刻賣出？

如果這些問題都有了答案，便可以確定這檔股票還會不會會漲。

從哪裡可以找到這些資訊的來源呢？

可以從以下九處尋找：

①券商進出表。

②三大法人進出明細表。

③集保庫存表。

④融資融券餘額表。

⑤大股東持股明細表。

⑥股價走勢圖。

⑦成交量走勢圖。

⑧週轉率表。

⑨分價量表。

其次，我們必須知道，任何的主力或大戶，包括外資、投信、自營商、董監事、大股東，他們一定會有長期配合的券商，所以當他們進出股票時，那家券商的成交量一定很容易顯示出來。

尤其當我們見到小券商在買進賣出的券商排行中列於前面，就可以看出有主力進出的影子了。

大抵來說，流通在外的籌碼計算方法是個股的股本乘以百分之七十。至於一檔股票，主力的鎖定率有多高，怎麼算呢？先從各券商總買賣單之進出量查出有超過2%比例者計算在買賣超張數之內。然後，將買超張數減去賣超張數，就得出「買賣超數值差額」。

最後，將買賣超數值差額除以股票流通籌碼，就是主力對這一檔股票的鎖定率。我們從主力對某一檔股票的鎖定率高低，便知道他的介入深淺，以及作長作短。

心理面
應注意的重點

在股市中如果不清楚什麼是M頭、不懂得逃命線之所在，必然慘敗。

股市的表現，往往是人心的需求心理。投資人在股市中很容易被群眾情緒所左右，做出違背常理、衝動、盲目的買賣行為。了解群眾心理，採取反群眾心理的操作方法，是極好的對策。

心理面理論的淵源和指標

技術分析源於「空中樓閣」理論。而「空中樓閣」理論是什麼呢？空中樓閣理論是美國著名經濟學家凱恩斯於一九三六年提出的，它是後來大多數學者專家技術分析的理論基礎。

該理論完全拋開股票的內在價值，強調心理構造出來的空中樓閣。投資人所以願以一定的價格購買某種股票，是因為他相信有人會用更高的價格向他購買這種股票。

至於股價的高低，並不重要，重要的是他相信有個更大的「笨蛋」願以更高的價格購買。精明的投資人不必去計算股票的內在價值，只要搶在最大「笨蛋」之前成交，也就是趕在股價達到最高點之前買進股票，而在股價達到最高點之後將它賣出。這樣就夠了。

凱恩斯認為，股票價值雖然在理論上取決於未來收益，但因進行長期計畫既難又不準確，所以我們應該把長期計畫濃縮為一連串的短期計畫。

於是，就不必為不知道10年後這個投資會不會變成泡沫而失眠，因為隨時可以修改判斷、變換投資內容。所以，在一連串的短期計畫中，投資方式相當安全。一般投資人相信如此，專業投資人也只好認為如此。

凱恩斯還說過：「預測經濟基本面的長期趨勢很難，預測群眾心理可能比較容易。」他的意思是

說，投資人不該把精力浪費在估算股票的真實價值，而該用於分析投資大眾未來的動向，以及在樂觀時期，他們會如何把希望建築為空中樓閣。

如何確實地掌握到群眾心理？下列幾項指標可供參考。

（一）菜籃族人口激增

當號子裡人山人海，熱鬧非凡，營業員日進斗金，甚至開香檳放鞭炮慶祝行情，這是樂觀至極；反之，號子裡稀稀疏疏，小貓兩三隻，營業員無精打采，唉聲歎氣（甚至還得兼差維持生計），這是悲觀至極。

（二）融資餘額起變化

當融資餘額大增，達到前所未有的新高時，這是樂觀至極；反之，當融資餘額驟減，達到前所未有的新低時，這是悲觀至極。

（三）成交量值影響大

成交量值乃是人氣的指標。當成交量值不但接近以往的最高紀錄，而且屢次突破以往的最高紀錄時，這是樂觀至極，反之，當成交量值不但接近以往的最低紀錄，而且屢次跌破以往的最低紀錄時，這是悲觀至極。

（四）大傳媒體的反映

電視、報紙、雜誌等傳播媒體乃是大眾的喉舌，會充分反應群眾的心聲。當這些大眾傳播媒體一致看好時，股市消息極為熱門，通常也是群眾樂觀至極時；而這些媒體一致看壞時，股市消息無人聞問，通常也是群眾觀至極時。

（五）人氣過火非好事

當股市過熱，群眾樂觀到極點時，當時的社會總會出現下列的反常現象：

①公務人員上班時心神不寧，老是找機會溜班到號子裡去看盤。

②教師上課不好好上課，藉故偷窺股市行情。

③醫生有半天時間不看病，卻使用電腦看盤。

④打工的人辭掉工作，專職玩股票。

⑤股票成為全民運動，變成學校裡的熱門話題。

⑥連和尚尼姑也都專注於股票的買賣。

活用戰略
終究成為贏家

俗語說：「人兩腳，錢四腳。」股票正是一種幫助我們迅速獲利的快車。只要方向對，錢，早晚會讓我們到手的！

section

找出主流股，看看誰是大黑馬？

成為贏家最大的原因，不是因為資金大小或學歷高低，而是能否在大漲中抓住主流的熱點機會。

在每一波的上升行情中，必定有某一產業扮演主流股，帶領著整個盤勢的動向。主流股通常是那一波的強勢股，也是漲幅最高的類股。然後我們再從中去選擇龍頭股，即可事半功倍。

▌三個方向，捕捉主流股

大抵來說，熱門股與主流股幾乎都有外資、投信、自營商或大股東同時介入的影子。在三大法人共襄盛舉的情況下，股價表現不漲也難。

在每一波的上升行情中，必定有某一產業扮演主流股，帶領著整個盤勢的動向。主流股通常是那一波的強勢股，也是漲幅最高的類股。

大約一九八七年左右，臺灣股市剛剛突破四千點、大家紛紛開香檳慶祝時，許多產業類股都還在酣睡狀態，而金融類股已悄悄發動了。過不了一年，總統蔣經國辭世而由李登輝繼任總統。國內引進十幾種共同基金。那時熱錢拚命流入，形成資金行情。

於是，在加權股價指數從五千多點漲到八千多點時，上漲的都是金融股。所以，那段時期金融類股就是主流股。

到了大約一九九六年～一九九七年，李登輝、連戰當選首度直接民選第九任總統之後，也是我國的多頭的上升期。當時上漲的主要是電子類股。凡是電子股多半雞犬升天，其他類股則形成原地踏步，可見主流股多麼重要！

至於較不熱門的個股，當然也有機會獲利，不過，一般來說，由於股價的波動幅度較小、波動的頻率也較低，它的獲利空間也就不大。其實，投資大眾必到號子裡打

探消息，也不用花錢去參加會員，就可從下面三個方向尋找到能飆漲的主流黑馬股：

（一）產業遠景

這一點是選擇黑馬股最重要的考慮因素。因為產業遠景大好，就是造成未來股價飆漲最有力的後盾。有遠見的投資人，會在某種產業景氣尚未明朗之前，選上這種潛力股，待產業景氣明朗之後，股價就迅速飆漲。

以一九八八年中纖股為例，該公司為了要改善財務結構，在民國七十六年底採取先減資再增資的方式，此時有一批投資人看好 EG（中纖產品）將會大漲的產業遠景，默默買進股票。後來果不其然，中纖由於 EG 大漲，股價從一九八八年初 11.9 元起漲，六個月內飆漲到 156 元。

（二）有主力照顧的股票

股票投資老手都知道，必須有主力刻意拉抬的股票，才有可能成為飆漲的黑馬股。

主力在選定某支股炒作之後，一定會暗中於低檔吸進大量的籌碼，這一點可以在成交量上明顯地看出來。等主力吸足了籌碼後，就會不斷地放出利多消息，好引誘散戶跟進。

（三）從細產業去選擇龍頭股

有些專業的股票軟體會把股票細分為數十種細產業指數，充分掌握類股輪動韻律，且能夠從中得知同業相關商品之細產業指數，透過觀察市場的價格連動來進行投資分析。這樣便更容易掌握到主流股的脈動，然後再從中去選擇龍頭股，即可事半功倍。

其次，主流的追逐與掌握有兩個原則：

（一）主流股，絕不會兩、三天就陣亡。會短期就結束行情的，不算是主流股。

（二）主流股，不可向下攤平，反而應該向上攤平，因為強者愈強，弱者愈弱。

學學華倫‧巴菲特

把自己當企業經營者，就是優秀投資人；把自己當成投資人，就是優秀企業經營者。

　　美國投資家華倫‧巴菲特，一般人稱他為股神。雖然這只是以訛傳訛的說法，因為巴菲特本身並不熱中於股票操作。但是，他的投資理念卻是長線投資人的最理想偶像，值得學習。

▌多看少做，長線收益

　　曾經說過「投資並非一個智商為160的人，就一定能擊敗智商為130的人的遊戲」這樣一句話的華倫‧愛德華‧巴菲特（Warren Edward Buffett），是一個美國投資家、企業家及慈善家，一般人稱他為股神，但這只是以訛傳訛的說法，因為巴菲特本身並不熱中於股票操作。

　　華倫‧巴菲特認為自己最大的價值，是來自於資本管理的能力。他主要的責任，是提供資本給經濟狀況良好的企業，並保留原有的管理階層，繼續帶領公司成長。

　　正統的財經媒體尊稱他為「奧瑪哈的先知」、或「奧瑪哈的聖賢」。他藉由睿智高明的投資理念，匯聚了非常龐大的財富。

　　他有一句值得深思的名言：「因為我把自己當成是企業的經營者，所以我成為優秀的投資人；因為我把自己當成投資人，所以我成為優秀的企業經營者。」

　　根據《富比士》雜誌公布的二Ｏ一Ｏ年度全球富豪榜，他的淨資產價值為470億美元，僅次於卡洛斯‧斯利姆‧埃盧和比爾‧蓋茲為全球第三。

　　二ＯＯ六年六月，巴菲特承諾將其資產捐獻給慈善機構，其中85%將交由蓋茲夫婦基金會來運用。巴菲特此一大手筆的慈善捐贈，創下了美國有史以來的紀錄。

　　巴菲特認為，好的企業比好的

價格更重要，最終決定公司股價的是公司的實質價值。換句話說，從短期來看，股市是一個投票機；而從長期來看，股市是一個秤重機。

所以，他可以說是一個長線投資人的最理想偶像。他曾很誇張地說：「如果你不願意擁有一家股票十年，那就不要考慮擁有它10分鐘。」

綜合地分析，巴菲特特有十二項長線的「投資要點」：

（一）利用市場的愚蠢，進行有規律的投資。

（二）買價決定報酬率的高低，即使是長線投資也是如此。

（三）利潤的複合成長與交易費用和稅賦的避免使投資人受益無窮。

（四）不在意一家公司來年可賺多少，要留意未來五至十年能賺多少。

（五）只投資未來收益確定性高的企業。

（六）通貨膨脹是投資者的最大敵人。

（七）價值型與成長型的投資理念是相通的；價值是一項投資未來現金流量的折現值；而成長只是用來決定價值的一項預測過程。

（八）投資人財務上的成功與他對投資企業的了解程度成正比。

（九）「安全邊際」從兩個方面協助你的投資：首先是緩衝可能的價格風險；其次是可獲得相對高的權益報酬率。

（十）擁有一支股票，期待它下個星期就上漲，是十分愚蠢的。

（十一）就算聯儲主席偷偷告訴我未來兩年的貨幣政策，我也不會改變我的任何一個作為。

（十二）不理會股市的漲跌，不擔心經濟情勢的變化，不相信任何預測，不接受任何內幕消息，只注意兩點：A.買什麼股票；B.買進價格。

利用暴跌進場，找安全買點

利多出盡是利空，利空出盡是利多。

投資人除了在高檔時應該居高思危之外，若逢股價暴跌，非但不會惶恐地賣出，反而必須在暴跌之後的低檔處大量買進，因為「利空出盡是利多」，利用暴跌進場，必有暴利可期。

物極必反，否極泰來

「利多出盡是利空，利空出盡是利多」，股價也是一樣，利多出盡，未必是好事，因為股市無法再搭順風船了，相對的也是一種利空；至於什麼壞消息都紛至沓來之後，便面臨「賣力衰竭」的局面了，那也可以說是一種好事。

所以，利多出盡是利空，利空出盡是利多。利多及利空，都沒有永遠占便宜的可能。

股票是一種相當奇妙的東西，漲得凶就會跌得慘，怎麼來就怎麼走，漲多少就會跌多少；反之，跌得慘將來就會漲得凶，跌得愈深彈得愈高。日昇日落，月圓月缺，浪起浪伏，物極必反，樂極生悲，否極泰來，大自然的規律是如此，股市的運行規律也是如此。

利空出盡之時，是由熊市轉牛市的變盤點；利多出盡之時，則是由牛市轉熊市的變盤點。股票常常在猶豫中上漲，叫好聲中下跌。

美國人查理士·道（Charles H. Dow）多年在海邊觀察潮水的起落與波浪的變化，終於在一九○○年領悟出一套「道氏股價理論」。道氏認為，股價的走勢好比潮水的起落，股市在多頭行情，就像海水的漲潮一般，一波一波地湧過來，而且在漲勢中的波段行情，也像波浪一樣，一波比一波高，後一波的峰頂高於前一波的峰頂，後一波的峰谷也高於前一波的峰谷。

相反的，股市在空頭行情時，

就像海水的退潮一般，一波一波地消退而去，而且在跌勢中的波段行情，也像波浪一樣，一波比一波低，後一波的峰頂低於前一波的峰頂，後一波的峰谷也低於前一波的峰谷。

因此，他說：「股價的漲跌好比潮水的起起落落，怎麼來就怎麼去，而且漲多少就會跌多少。」投資人除了在高檔時會居高思危之外，若逢股價暴跌，非但不會惶恐地賣出，反而會在暴跌之後的低檔處大量買進，因為他知道，暴跌之後必定會暴漲。

對於主力來說，借利多來出貨，可說是人盡皆知的道理。但當好消息頻頻出現時，股價也水漲船高，在行情欲小不易的情況下，一般散戶確實不太容易看到危機。尤其當股價大幅上升，而成交已出現天量時，一般散戶聽得進耳的只是「量先價行」、「天量之後是天價」。但實際上，天價既可能出現在天量的第二天，也可能出現在天量的當天。

所以，當好消息出盡的時候，能不能體認到「這即是一種利空」，而儘快逃命，便顯現出「上智」與「下愚」的差別來了。

從統計上來看，當股價大幅上揚，成交量創下天量之後，有八十％以上的可能形成大頭部區。這時的利多，居然使得很多散戶誤以為是「換手」量，而墜入了追價的陷阱。事實上，是很少有主力在高檔「換手」的。

至於利空出盡，也是一種利多，最明顯的例子便是某某董事長常說的「景氣再壞沒有了」、「我見到一群燕子飛過來了」。沒錯，當壞消息已全部出籠，股價也跌無可跌時，正是一種「可以開始布局」的利多了。換句話說，在暴跌時不僅不該驚慌，還應大舉進場，才會撿到暴利！

Get point!

- 贏家操作守則：大跌勇敢買，大漲捨得賣。
- 股票常常在猶豫中上漲，叫好聲中下跌。

善用金字塔操作法，不會悔棋

避免追高套牢的風險，可用金字塔操作法降低成本。

在股市操盤策略上，克服恐懼的心理，應當採用分批法；而克服貪婪心理、避免追高套牢的風險，可用金字塔操作法降低成本。這就和下棋一樣，善用此法，將從容應對，減少憂慮。

上漲愈買愈少、下跌愈買愈多

臺灣股市有一句名言：「做多與做空均能賺到錢，只有貪婪者例外。」這一點，不論新手或老手都一樣。

事實的真相是：投資人基於恐懼的心理，當股價下跌到可以買進的低檔區域時，他們害怕股價還會往下探底，認為還有更便宜的貨好撿，於是躊躇不前，白白喪失一個大好買進的機會。

為了克服恐懼的心理，應當採用分批法。當股價下跌到某一價位，我們用基本分析與技術分析得知是一值得進場的低檔區時，就應毅然決然勇敢地分批買進。

縱使在買進之後，股價繼續下跌，不但不要怕，而且可以乘機陸續分批買進。

運用分批法，當股價下跌到低檔區時，投資人比較不會害怕，敢分批下去承接，當股價上漲到高檔區時，投資人比較不會那麼貪心，比較捨得分批賣出。為什麼呢？因為：

（一）新手剛剛開始買股票的時候，因為曾聽說過別人投資股票曾經虧過本，所以警覺性特別高，小心翼翼，步步為營，所以不敢大筆投資，只敢小額買進。

（二）當賺到一點甜頭時，貪婪之心初現，會不斷地自責，懊惱自己買得太少。經過慎重考慮，又在較高的價位又出手買了一些。

（三）等到行情飆漲時，心中雖有獲利了結、落袋為安的想法。可是，當看到人氣沸騰、交易熱絡、行情一片看好時，手又癢了，不但沒有獲利了結，反而大筆敲進。

（四）到了行情一片大好的時候，警覺心鬆懈了，貪婪之心又起，於是很容易把資金全部投入。

（五）由於股價的上漲，投資人愈買愈多，所以持股平均成本愈來愈高，一旦股價反轉下跌，投資人極易虧損或高檔套牢。

類似上述因貪婪而造成虧損的例子比比皆是，必須用金字塔操作法才能克服貪婪。

金字塔操作法簡單易行，只需掌握「愈買愈少」的原則就行了。

舉例來說，假如我們想買「奇美電」（代碼：3481）時，可以先以40元買進30張，當股價上漲至45元時，如果想加碼，就再買20張即可；當台塑再上漲至50元時，如果還想再加碼時，就再買10張即可。像這樣愈買愈少的操作方式，

其形狀有如金字塔，所以叫做「金字塔操作法」。此法雖然買進的成本逐漸墊高，但因為買進的張數愈來愈少，所以成本增加的幅度小於股價上漲的幅度，風險就降低了。

「自律」是贏家的護身符，資金控管是贏家最重要的守則。由於股價的上漲，投資人愈買愈多，所以持股平均成本愈來愈高，一旦股價反轉下跌，投資人極易虧損或高檔套牢，所以運用金字塔操作法，是資金控管的最好決策。

Get point!

- 金字塔操作法，如順水推舟，避開了人為的缺失。

- 上升趨勢中，減少持股是避免翻車的法寶；下跌趨勢中，增加持股是求得翻身的途徑。

必學的
股票箱理論

股票箱理論是由七十年代的美國芭蕾舞星尼古拉‧達瓦斯（Nicolas Darvas）發明的理論。

股價有所謂的「支撐」與「壓力」。把某一階段股票的漲跌視之為股票箱，買進股票之後，只要股價在股票箱不回跌，不會賣出；在突破股票箱的位置，才決定新戰略，勝算極大。

▌芭蕾舞星的必勝祕訣

股票箱理論（Box Theory）是由二十世紀、七十年代的美國芭蕾舞星尼古拉‧達瓦斯（Nicolas Darvas）發明的理論。

他是股票的門外漢，可是卻能在工作之餘，以三千美元開始操作股票，結果在幾年之內就賺進兩百多萬美元，並寫了一本股票書《我如何在股市賺進兩百萬美元？》。

這件事經美國的《時代》（TIME）雜誌報導之後，他的「股票箱理論」立刻就成為經典之作了！

股票箱理論的要點如下：

（一）低價未必是寶。贏家是不買廉價的股票、只買會漲的股票的。

（二）尼古拉把某一階段股票的漲跌視之為股票箱。當股價在第一個股票箱內起起伏伏時，他只是冷靜觀察分析，絕對不會採取任何行動。一直到股價確實上升到第二個股票箱，甚至第三個股票箱時，才會進場買進。

（三）尼古拉在買進股票之後，只要股價不回跌，不會賣出。有人問他為何不趁股價高漲時脫手，他巧妙答道：「一支賣座鼎盛的影片，為何要下片呢？」他的意思是，一支正在上漲的股票，沒有人知道會漲到何處，賣得太早，就少賺一大段了。

（四）當股價碰到停損點時，

毫不猶豫，立刻賣出。尼克拉買進股票之後，股價上漲了一大段，當股價已經漲不上去，而且股價即將從上一個股票箱下降到下一個股票箱，上一個股票箱的底部就是停損點，當股價破底時，馬上出脫。

然而，在股市裡，我們常聽人說，大盤指數在某某點會面臨上檔套牢的賣壓，或是說大盤指數跌到某某點會有強烈的支撐，可以逢低分批承接。我們也常聽人說，某支股在某某價位會面臨上檔的賣壓，或是說跌到某某價位會有支撐，可以逢低買進。

當行情上升到某一程度時，股價漲不上去，這股阻止行情繼續上漲的力量稱之為「賣壓」。賣壓來自上檔套牢的籌碼。

例如，有一位投資人以每股40元買進「奇美電」這檔股票，不料買進之後股價下跌，被套牢了；當股價回升到40元時，這位投資人會急著賣出以解套，這40元就是所謂的「賣壓」。而當行情下跌到某一程度時，被一股力量支撐著，使股價跌不下去，這股支撐行情不再下跌的力量稱之為「支撐」。舉例來說，假設有一位投資人以每股100元買進「鴻海」這檔股票，結果股價漲到120元時，他就全部賣出，不料股價繼續上漲到130元；當股價回檔至110元時，股價卻跌不下去了，眼看著又要反轉上漲了，他可能會去買回來，這110元就是股價的「支撐」位置。

因此，我們只要弄清股價的壓力與支撐之後，就可以在股票箱內短線來回操作。當股價回跌到底部的支撐帶就買進，當股價上漲到頭部的壓力帶就賣出。不斷來回進出，從中賺取差價。

Get point!

- 投機客必須只操作「價值快速變動」的股票。

- 不怕買貴了股票，只怕買錯了股票。因為買高可能賣更高，買低也會賣更低。

葛蘭碧 進出八原則

葛蘭碧的買賣「八大原則」線圖可說是初學操盤者必備的基本教材。

2846　葛蘭碧的買賣「八大原則」，把一定期間的股價加以平均，畫出一條移動線，然後在移動線與股價之間的變化，尋找買進與賣出的時機，可說是初學操盤者必備的基本教材。

買進賣出時機，各有四項

「葛蘭碧八大法則」是美國經濟學家葛蘭碧（Granvile Joseph）研究股價走勢後提出的理論。

他在一九六〇年提出著名的移動平均線（Moving Average）理論之後，以K線和移動平均線作為互動基礎，研究出買進或賣出股票的八大法則。所謂移動平均線，就是以道氏股價理論為基礎，把一定期間的股價加以平均，畫出一條移動線，然後在移動線與股價之間的變化，尋找買進與賣出的時機。

葛蘭碧進出八原則如右圖。

圖（一）到（四），可以說是葛蘭碧眼中「適合的買進時機」；從（五）到（八），則可以說是葛蘭碧眼中「適合的賣出時機」。

經過專家的驗證結果，以上的八個買進或賣出時機，有這樣的結論：

A.（一）（二）（五）（六）等四個原則最實用。

B.（三）與（七）兩原則，在運用時風險較大，必須特別謹慎。

C.（四）與（八）兩原則，其中所謂的「很遠」、「乖離過大」語意模糊，缺乏明確的衡量標準，必須用「乖離率」補其不足。

D.移動平均線純粹以股價為推論的依據，忽略了成交量值的變化。若能加進成交量值的變化（TAPI和OBV等），準確性將更

1 移動平均線從下降趨於平穩，
　而且股價從移動平均線的下方
　向上突破時。

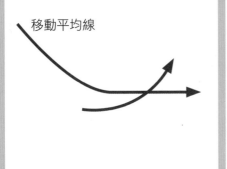

移動平均線

2 股價處於移動平均線的上方，
　而後股價下跌，但未跌破移動
　平均線，就反轉上升時。

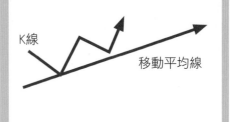

K線

移動平均線

3 股價處於移動平均線的上方，
　而後股價下跌，雖然跌破移動
　平均線，但很快就又彈升至移
　動平均線之上，而且移動平均
　線還呈現上揚之走勢時。

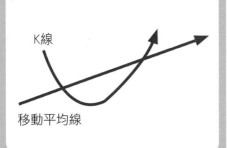

K線

移動平均線

4 股價與移動平均線均居跌勢，
　而股價處於移動平均線之下
　方，突然暴跌，距離移動平均
　線很遠，乖離過大時。從攤平
　成本的角度來説，這時也是買
　進的時機。

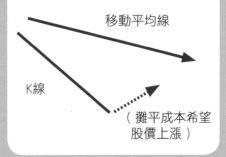

移動平均線

K線

（攤平成本希望
　股價上漲）

高。

必須注意的是，要畫移動平均線，必須先訂出平均的期間，以計算時間的長短。

一般分為五日移動平均線、十日移動平均線、二十日移動平均線（俗稱月線）、六十日移動平均線（俗稱季線）、一百二十日移動平均線（俗稱半年線）、二百四十日移動平均線（俗稱年線）。

移動平均線的畫法如下：

（一）以五日移動平均線為例，先訂出一個基準日，把第一天到第五天的股價加以平均，得出股價的平均值。

（二）再把第二天至第七天的股價加以平均，得出另一個股價平均值。

（三）依此類推，每天都會得到一個平均值。

（四）把每天的平均值當成點連接起來，就成為五日移動平均線了。

（五）其他十天（雙週線）、二十天（月線）、六十天（季線）、一百二十天（半年線）、二百四十天（年線）等移動平均線，同理均可畫出。

Get point!

- 上漲常態不需預設壓力，下跌常態不要預設支撐。

- 漲升是為了之後的跌挫，跌挫是為了之後的漲升。

- 買賣時機，比選股更重要。

5 移動平均線從上升走於平穩或下跌，而且股價K線從移動平均線的上方向下突破時。

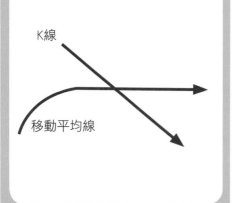

K線

移動平均線

6 股價處於移動平均線的下方，而後股價上升，但未突破移動平均線，就反轉回跌時。

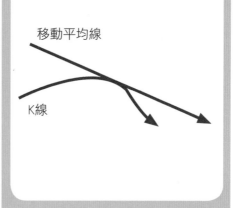

移動平均線

K線

7 股價處在移動平均線的下方，而後股價上升，雖然突破移動平均線，但很快就又跌回移動平均線之下，而且移動平均線還呈現下挫的走勢時。

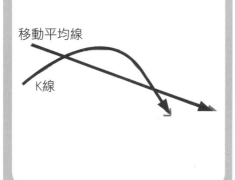

移動平均線

K線

8 股價與與移動平均線均處於漲勢，而股價處於移動平均線的上方，突然暴漲，距離移動平均線很遠，乖離過大時。

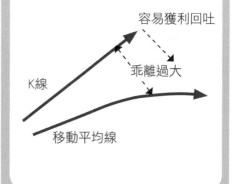

容易獲利回吐

乖離過大

K線

移動平均線

強弱指標操作法

相對強弱指標 RSI，是大家耳熟能詳的指標，也是許多投資人愛用的指標。

相對強弱指標 RSI 是許多投資人愛用的指標。它是計算某一段時間內買賣雙方力量，作為超買、超賣的參考，並可與 K 線圖及其他技術指標一起使用，以免過早賣出或買進。

超買、超賣，有線型可參考

相對強弱指標 RSI（Relative Strength Index 的縮寫），是一個大家耳熟能詳的指標，也是許多投資人愛用的指標，目前且已為市場普遍使用，是主要技術指標之一，其主要特點是計算某一段時間內買賣雙方力量，作為超買、超賣的參考與 K 線圖及其他技術指標（3～5種）一起使用，以免過早賣出或買進，造成少賺多賠的損失。

RSI 相對強弱指標是投資人非常技術分析工具，它不但能用於大盤或個股，而且可依基期的長短當日線、週線或月線來使用。

一般股票專業報紙，每天都會算出大盤的 RSI（包括 5 日、10 日、20 日、60 日等）與個股的 RSI（包括五日與十日等），供投資人參考，省去了投資人自己計算的麻煩。

RSI 指標的原理，是假設收盤價是買賣雙方力道的最終表現與結果，把上漲視為買方力道，下跌視為賣方力道。而其中的 RS 即為買方力道與賣方力道的比，這就是雙方相對強度的概念。

而 RSI 則是把相對強度的數值定義在 0～100 之間，在多天期的 RSI 的訊號中，將更具參考性。RSI 是一種相當可靠的動能指標。

一般以 75 以上代表買超，表示股價下跌可能性增高；25 以下代表賣超，表示股價超跌，為買進訊號。不過，也有人用 80、20 來替代 75、25 的數據。

大抵說來，RSI的應用原則如下：

（一）一般而言，RSI以20、50、80為三個重要的數值。

（二）RSI是股價強弱的分水嶺，超過50反映股價為強勢；低於50則是弱勢。因此，即使股價下跌，但RSI未跌破50之前，仍屬強勢整理，不必急於賣出；同理，即使股價反彈上漲，但RSI未突破50之前，仍屬弱勢反彈，不必急於買進。

（三）當某支股票的RSI低於20之時，表示該股已進入超賣區，未來短線反彈的機會很大，可逢低分批買進。

（四）當某支股票的RSI高於80之時，表示該股已進入超買區，未來短線回檔的機會很大，應逢高分批賣出。

一般投資人利用RSI來研判行情，都會觀察單一基期的RSI，譬如：5日RSI、10日RSI等。其實使用長短兩條基期RSI交叉的情況來研判行情，準確性也很高。

例如短天期RSI從下向上穿越長天期RSI（譬如：5日RSI向上穿越10日RSI），叫做「黃金交叉」，是買進時機；短天期RSI從上向下穿破長天期RSI（譬如：5日RSI向下穿破10日RSI），叫做「死亡交叉」，是賣出時機。

此外，由於五RSI過於敏感，時常發生假突破或假跌破的情況，所以用週線不但較穩當，也較準確。當五週RSI向上穿越十週RSI，而且這個黃金交叉是發生在RSI值五十以下區域時，表示即將展開一波段的漲幅；當五日RSI向下穿破十週RSI，而且這個死亡交叉是發生在RSI值五十以上區域時，表示即將有一波段的跌幅。

Get point!

● 進場點漂亮，賺錢是必然；進場點錯誤，能反敗為勝才是高手。

● 六十日均線下彎、強勢股破月線、跌破大量區低點三天沒站上，砍！

隨機指標KD線和相對強弱指標 RSI，一樣受到投資人重視。它們都有「黃金交叉」和「死亡交叉」的線型表現。不過，以日線圖的 KD 值來研判短期行情，會有背離現象。

KD值交叉所顯示的意義

KD 線的全名叫做「隨機指標 KD線」，是由英文 Stochastics Kd Line 翻譯而來，本來是歐美期貨市場的技術分析工具，因為它結合了移動平均線中移動線與股價的互變關係，RSI 超買與超賣的概念以及量能的變化等優點，準確性較高，因此就被借用到股票市場來了。

K 值 是 快 速 變 化 的 數 值，D 值是慢速變化的數值，個別連接起來即成為 K 線與 D 線，合稱為KD線。所謂KD線操作法，就是根據K值與D 值的大小，以及 K 線與 D 線交叉的情況找出買賣點的操

隨機指標，在期貨和股票市場用於技術分析時，它在圖表上是由％K和％D兩條線所形成，因此也簡稱ＫＤ線。

隨機指標在設計中綜合了動量觀念、強弱指標和移動平均線的一些優點，在計算過程中主要研究高低價位與收盤價的關係，即透過計算當日或最近數日的最高價、最低價及收盤價等價格波動的真實波幅，反映價格走勢的強弱勢和超買、超賣現象。

因為大盤上升而還沒轉向之前，每天多半都會偏向高價位收盤，而下跌時收盤價就常會偏低。

一般來說，KD 線的應用原則如下：

（一）長線操作，宜參考月線，同時在黃金交叉、死亡交叉時，還應在下一筆結果中確認一

次。經過確認之後，行情研判比較容易準確。

（二）KD 值最小是零，最大是一百。如果數值小於二十，表示處在超賣區；相反的，如果大於八十，表示處在超買區，這時投資人應提高警覺。

（三）當 K 值大於 D 值時，為上升行情，不應作空；如果是 D 值大於 K 值時，為下跌行情，不應作多。

（四）如果處於八十的超買區，KD 線從向上趨勢而走平時，這是股價走軟的訊號，應賣出；若處於 20 的超賣區，KD 線從向下趨勢轉而走平時，這是股價走堅的訊號，應該買進。

（五）KD 值游走於 50 附近，這是盤局。

（六）短線投資人應留意 KD 值交叉的情況。當 K 值向上交叉 D 值時，這是買進訊號；當 K 值向下交叉 D 值時，這是賣出訊號。

（七）大盤處於高檔時，股價繼續上漲，KD 線卻不再創新高，而於低檔時，股價繼續下跌，KD 線卻不再創新低這是股價與 KD 線發生背離的現象，表示行情有即將反轉的可能。

（八）以日線圖的 KD 值來研判短期行情，因其發出的買賣訊號頻繁，容易出錯。舉例來說，如果處在「漲完仍可再漲」的大多頭走勢，日 KD 值會在八十左右停留（一）兩個月；若處在「跌完仍可再跌」的大空頭趨勢，日 KD 值會在二十左右停留一兩個月。

這時，投資人若能參考月 KD 值就不會出錯了，根據以往二十多年的臺灣股市的經驗，當月 KD 值均跌到 20 以下，必須會展開一段大多頭行情，這是長期投資者最好的進場機會。

Get point!

● 不要用分析的角度操盤，而要以操盤的角度分析。

第五篇 section 9 股權相爭股，有利可圖

投資失去戒心時，風險必臨。

上市公司董事與監察人的任期均不得超過三年，所以三年任期一到，就得改選，常常有人想要問鼎或想藉機炒作一番，因為這時候選人多半不敢賣股，於是容易造成股價的飆漲。

注意停止過戶日期

為什麼「股權相爭」的董監事改選，值得那麼重視呢？因為董事與監察人的任期均不得超過三年，所以三年任期一到，就得改選，根據以往的統計資料顯示，在董監事改選前後，股價常會有大幅上漲的現象，這就是董監事改選行情，掌握得好，很容易大賺。通常改選競爭愈激烈，股價的漲幅就愈大。

為什麼股權相爭股，有利可圖呢？其原因有三：

（一）董監事不但可領取優厚的車馬費與酬勞金，而且能直接參與該公司的經營，並決定重大決策，尚藉此可提高其社會地位，所以問鼎者眾，且由於董監事當選與否，完全看手中持股之多寡。有心競選者為了取得足夠的股權，勢必要在市場中吸足籌碼。由於需要量增加，買盤力道大增，股價自然就上漲了。

（二）由於董監事參與公司的重大決策，當公司有處理土地或資產、增減資本、配發股息或股票等計畫時，他們都是最先知道的人。若干不肖董監事常利用上述的內幕消息，進行內線交易，從中獲取暴利，且董監改選之前，候選人為了當選一定不敢賣出手中股票。於是，籌碼被鎖住，賣盤力道大減，有利股價上揚。此時，也常有作手看準此一情勢，乘機拉抬，造成股價大幅上漲。

（三）在董監事改選之後，有些當選的董監事為了賣出因改選而

1
3
6

多吸的籌碼，因而常會發布利多消息，企圖把股價炒高，然後拉高出貨。

不過，一般董監改建較激烈的股票，在報紙通常會喧騰一時，所以知道不難，難在如何賣出。什麼時機賣出是更重要的知識。當你持有這種「股權相爭」的股票時，一定要注意價量的賣出訊號：當爆量打開漲停，或是K線出現第一根長黑棒（當日開高走低）時，一定要賣股票。

以二〇〇七年的「大毅」（代碼：2478）為例，當時公司派及市場派大戰，國巨公司想要入主，但是公司派不肯退讓，於是發生股權相爭。結果該股股價從50多元起漲，狂飆到224.5元。就在二〇〇七年四月初左右，突然出現一根長黑棒，股價時轉弱了。

如果你在長黑棒這一天出場，就剛好賣在最高點。如果你不理會，接著幾天就跌了好幾根停板。但幾天後，跌停打開時，你也應該趕快出場，不要再心存僥倖。以大毅來說，當時你一定有機會在150元附近出場，如果你還不肯賣出，

股價在100元以上撐了兩個月，但最後還是不敵市場賣壓，在不到四個月竟打回到40元！

這檔「股權相爭股」從最高價計算，回檔幅度超過八成！你說不懂股票的人，是不是很慘？所謂「懶人投資術」，或所謂「遠離看盤」的說法，在這個節骨眼，可要重新考慮了！

如果股市新手無法掌握第一種賣出訊號，那就要隨時注意公司公布的股東會日期，及停止過戶開始的日期，一定要在停止過戶日之前把股票完全出清，千萬不要誤以為繼續抱下去獲利會更多，否則股價打回原形，你也是白忙一場。

Get point!

- 得到要懂得珍惜，不要等到失去才知道珍貴。買到能大漲的股權相爭股，可別賺兩天就賣掉！

如何看懂景氣，進出股票？

能洞察趨勢、觀測景氣，適時調整投資部位的人，才能掌握手中的財富。

經濟景氣是以繁榮、衰退、蕭條、復甦四個時期週而復始循環，所以，一般經濟分析學者常以經濟領先指標作為投資股票買賣的參考依據。投資人如能在景氣循環中進出，將事半功倍。

看景氣對策買股票

股市是經濟的櫥窗，所以經濟景氣的變動自然對股市最具影響力。投資人對於復甦來臨的信心，或經濟恐慌的畏懼，都會改變投資意願。經濟景氣是以繁榮、衰退、蕭條、復甦四個時期週而復始循環。

所以，一般經濟分析學者常以經濟領先指標作為投資股票買賣的參考依據。股市分析師自然也可以用經濟成長率來作為股市投資策略的方向，可見股市的蓬勃發展與經濟成長率是否達成預估目標有直接關係。

經建會所編製的「臺灣景氣指標」包括三部分：景氣對策信號、景氣動向指標以及產業景氣調查。其中「景氣對策信號」，常被一些做長線投資的人作為參考線索。

一位經濟教授擁有一套最簡單的「反市場心理的股票操作方法」，據教授多年實際驗證的結果，準確率很高、很適合保守型的投資人使用。這套方法就是根據經建會「景氣對策信號」的燈號操作股票：在藍燈出現時買進股票，在黃紅燈出現時賣出持股。

所謂經濟景氣循環操作法，就是利用經濟景氣繁榮與衰退的循環跟股價之間的互動關係，尋找買賣點的操作方法。

臺灣的經濟從一九五四年十一月至一九九六年三月為止，一共經歷了八次的景氣循環，每次的循環平均期間是六十二個月，其

中繁榮平均期四十五個月，衰退平均期 17 個月。再拿距離最近的六十八個月（從一九九〇年八月至一九九六年三月），其中繁榮期五十二個月，衰退期十六個月，而其景氣高峰位在一九九四年十月，景氣谷底位在一九九六年三月，而這一波最佳介入時機是一九九五年八月的 4474 點，非常接近衰退中期。

第八次景氣循環的衰退中期位於一九九五年七月（因為此次循環的衰退期為十六個月，而景氣谷底在一九九六年三月，往前推算八個月，即可知一九九五年七月為衰退中期），距離實際的最佳買進時機一九九五年八月僅差了一個月。其實，投資人若要運用經濟景氣循環學投資，可以抓住「消費」、「進出口貿易」、「利率」三大類指標，就能夠看懂景氣、做投資。

尤其「民間消費」是判斷股市走勢的「領先」指標。因為當民間消費成長支出成長開始減緩時，就要小心股市的回檔。至於「進出口貿易」，是判斷股市的「同步」指標。

■ 根據景氣對策信號的買賣建議

紅燈	黃紅燈	綠燈	黃藍燈	藍燈
45～38分	37～32分	31～23分	22～17分	16～9分
景氣熱絡	密切注意後續景氣是否轉向	當前前景景氣穩定	密切注意後續景氣是否轉向	表示景氣低迷
股市多在高峰	股市鈍化	股市持平	股市鈍化	股市在低檔
觀察	建議賣出	觀察	觀察	建議買進

不賣最高，也不買最低

得到要懂得珍惜，不要等到失去才知道珍貴。買到能大漲的股權相爭股，可別賺兩天就賣掉！

「不賣最高，也不買最低。」是一種操盤策略。不賣最高，就容易賣掉；不買最低，就可以確認走勢。這也叫做「次一檔操作法」。不貪，在操作上顯得從容，可以談笑用兵，手到擒來！

┃次一檔操作法

我們常說：「貪多一點，就成貧。」還說：「吃飯八分飽，買賣八成好。」或者說：「留一點空間給別人去賺吧！」這些話都是叫我們不要「貪多嚼不爛」。

在股市裡，「低買高賣」或「高賣低買」固然是唯一的賺錢門道，那麼如何買或如何賣，才會稱心如意呢？

一位從沒受過重傷的理財專家說：「我向來信奉魚頭理論，一條魚不要想從魚頭吃到魚尾，我吃中間的魚肉就夠了。」

這話真的是一語中的！理財專家告訴我們的就是「不必賣最高，也不必買最低」價格的道理。換句話說，這種操作方法，也叫做「次一檔操作法」。

所謂次一檔操作法，顧名思義，乃是在多頭市場末升段做頭之時，或是在空頭市場尾聲打底之時，不求賣到最高點或買到最低點，只求賣到次高點或買到次低點的操作方法。

投資股票為了賺錢，如果能夠賣到最高點與買到最低點，那是理想不過了。但是，我們在實際的股票買賣經驗中得知，一般投資人不可能賣到最高點，也不可能買到最低點的，如果有，也只是運氣而已。

所以，為了退而求其次，才會有人研究出「次一檔操作法」。現在以圖文說明如下：

（一）次高點賣出法

頭肩頂與 M 頭乃是多頭市場漲勢末期做頭時常見的 K 線圖。

■ 1. 頭肩頂

從頭肩頂的 K 線圖中可知，頭部是最高點，而左肩與右肩都是次高點。但因形成左肩時，整個頭肩頂尚未成形，很難去研判，因此右肩才是理想的次高點。

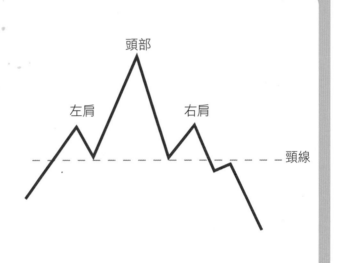

■ 2. M頭

從 M 頭 K 線圖中可知，A 點與 B 點乃是兩個最高點，而 C 點與 D 點都是次高點。但因形成 C 點時，整個 M 頭尚未成形，很難去掌握，因此 D 點才是理想的次高點。

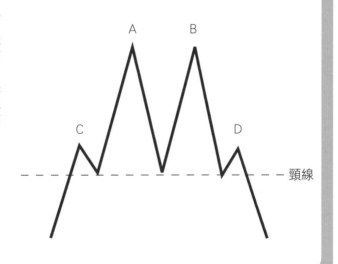

（二）次低點買進法

頭肩底與W底乃是空頭市場跌勢尾聲打底時常見的K線圖。

■ 1. 頭肩底

從頭肩底的K線圖中可知，底部是最低點，而左肩與右肩都是次低點。但因形成左肩時，整個頭肩底尚未成形，很難去研判，因此右肩才是理想的次低點。

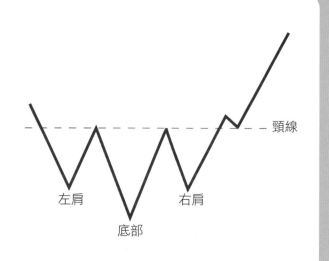

■ 2. W底

從W底K線圖中可知，A點與B點乃是兩個最低點，而C點、D點、E點都是次低點。但因形成C點與D點時，整個W底尚未成形，很難去掌握，因此E點才是理想的次低點。

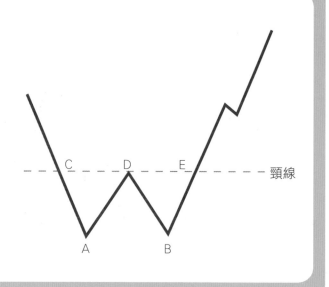

解套的必學祕招

股票被套牢，只要想想這是全民運動，你就不會太悲傷，因為全民與你同在。

一般散戶的資金有限，一旦買股票把資金用光了，股價卻下跌，也就被套牢了，那可是很慘的事！「被套牢怎麼解套」是散戶必修的課程。我們提出八種方法來應對之。請務必細心體會。

解套的八種方法

套牢是指進行股票交易時所遇上的交易風險，包括作多時股價下跌，或作空時股價上升。首先，我們要區別一下，套牢有兩種情況：一種是因短期操作不利而套牢，另一種是跟隨大盤暴跌而套牢。第一種套牢很好解決，第二種套牢是大盤走勢所拖累的，解套的難度很大。

現在，我們就來說說解套的八種方法：

（一）先行認賠，退場觀望

即將所持股票全盤賣出，以免股價繼續下跌而遭受更大損失。採取這種解套策略主要適合於以投機為目的的短期投資人，或者是持有爛股的投資人。

因為處於跌勢的空頭市場中，持有品質較差的股票的時間愈長，給投資者帶來的損失也將愈大。這樣的解套事實上只是「止血」，資金還沒原先的水準。

（二）汰弱換強，換股操作

即忍痛將手中的弱勢股賣掉，並換進市場中剛剛啟動的強勢股，以期透過漲升的強勢股的獲利，來彌補其套牢的損失。這種解套策略適合在發現所持股已為明顯弱勢股，短期內難有翻身機會時採用。

（三）向下操作，賺取價差

首先判斷後市是繼續向下的趨勢。等反彈到一定高度，分析短線高點了先賣出，待其下跌一段後再買回。透過這樣不斷地高賣低買來

降低股票的成本，最後等總資金補回了虧損，完成解套，並已獲利，再全部賣出。

（四）向上操作，賺取價差

首先判斷後市是向上發展的趨勢。這樣的話，我們先在低點買進股票，等反彈到一定的高度，看見短線高點了（不一定能夠到第一次買入被套的價格），再賣出。透過這樣來回操作幾次，降低股票的成本，彌補了虧損，完成解套。

（五）另籌資金，加碼攤平

每跌一段，就加倍地買進同一支股票，降低平均的價格，這樣等股票一個反彈或上漲，就解套出局。這種方法也被稱為金字塔法。當然這種方法必須是投資者還有一定的資金做補充。

（六）手上持股，來作當沖

遇到股市有大波動時，可以採用當沖的方式，用原有的股票數量來做差價。

例如，你手上有三張台塑被套牢，那麼今天就可以先買3張台塑，然後等股價上了，再賣3張台塑；也可以先賣3張台塑，然後等股價下了，再買3張台塑。等今天收盤，還是3張台塑，但已經買賣過一個或幾個來回了。這就是「以自己手上的股票來作當沖」。

（七）手上持股，半數當沖

用半數股票作當沖的好處，就是萬一失敗了，也不會太遺憾。

（八）處變不驚，等到解套

在股票被套牢後，只要不賣，就不算賠。如果手中所持股票都是績優股，投資環境也沒惡化、股市仍屬於多頭市場，則大可不必為一時套牢而驚慌賣出股票，而是續抱股票以不變應萬變，靜待股價回升解套的那一天來臨。

Get point!

● 沒有套牢哪有真知。

● 當沖軋不成，反被銀行軋。

給股市新手的諍言

買股票，首先就要找到一家好券商，最好是大型的，同時要注意它是否信用可靠。

section

1. 上班族做短線，非賠即輸
2. 贏家要有資金控管的能力
3. 用閒錢投資，才沉得住氣
4. 不要獨押一檔個股
5. 手中股票不要超過五檔
6. 要隨時懂得退場休息
7. 量價背離，翻臉像翻書
8. 不要去碰地雷股
9. 順勢而為，還是逆向操作較好？
10. 出手之前先訂下停利與停損點
11. 謹記擦鞋童理論
12. 穩穩地賺，好過暴漲暴跌的成績

上班族做短線，非賠即輸

所謂「每天進出，非賠即輸！」
上班族應引以為戒。

頻頻做短線，付出的手續費和證交稅，將使成本非常可觀。股市新手既沒有時間看盤，就不該短線進出。因散戶本來就有八成是賠錢的，何況無法專心看盤，那就更沒有勝算了！

一年大贏一兩次就夠了

股市新手有很多是上班族的。上班族最不該的就是短線進出！

有些人以為「能賺時就要拚命賺」，每天只要賺個一千元，一個月所能獲取的利益，就等於多上了一個班。可是，股市新手有沒有想過，萬一失敗，豈不是把一個月辛苦的上班薪水全賠上去了？

多操作有益嗎？沒用的，何不如看準趨勢，在能賺的大多頭時候儘量賺是沒錯的，一年大贏一兩次就夠了。偏偏我們的股市新手通常是短線密集操作，累積一大堆小贏，不料到最後卻被幾次的大賠給吐光了！不但白做工，還惹了一肚子氣，真是得不償失！

首先，每次進出，光是證券經紀商的手續費，加上證交稅，就非常可觀了。即使每次都不賺不賠，平均每兩天進出一次，只要一年，本金就會付光了。可見太短線的進出，對小散戶來說，是極為不利的。如果選錯了股，認賠之後再換股，換股才發現又選錯了股，那更慘！

根據長期統計資料顯示，臺灣投資股票的散戶裡面，其中八成是賠錢的，只有兩成是賺錢的。

除了兩成散戶以外，還有誰賺錢呢？公司的大股東、法人機構、大戶以及穩健的中實戶。還有誰呢？證券經紀商與財政部，這兩者是在股市中穩賺不賠的大贏家，只是被一般投資人忽略掉了。

首先我們必須知道，不論買進或是賣出股票，證券經紀商都要依成交金額，向投資人收取 0.1425% 的手續費。（換言之，投資人一進一出，買賣一支股票，總共需付給證券經紀商 0.285% 的手續費。）

此外，財政部徵收的證券交易稅，投資人在賣出股票時，不論盈虧，財政部都要依成交金額，向投資人課徵 0.3% 的證券交易稅。

如此的證券交易稅，玩多了就很驚人的。因為短線投資人每次進出需付 0.585% 的費用（0.285% 的手續費加上 0.3% 的證券交易稅），假設每次都不賺不賠，每兩天進出一次，只要一年本金就付光了。因此，投資股票進出確實不宜太頻繁。頻頻進出，如果選錯了股，認賠之後再換股操作，不料又買到剛開始下跌的個股。

如此一輸再輸，很可能會令投資人鬥志全毀了！到時，頻頻嘆氣、跺腳、怨天尤人，又有什麼用呢？

那怎麼辦？當你覺得「手氣背」的時候，就該──休息！

著名的日本股市之神市川銀藏認為，股票操作有三部曲：

第一，是買進。

第二，是賣出。

第三，是休息。

一般投資人的股票操作，只有二部曲：買進、賣出。買進、賣出，獨缺休息一項。

其實，暫停操盤，出去旅遊、看看書、聽聽音樂或做做運動，都很好。所謂「每天進出，非賠即輸！」上班族應引以為戒。

Get point!

- 不該以短線獲利為滿足；長線暴利才是應該追求的目標。

- 只重視長期的績效，將很難享受到一家成功企業長期發展所帶來的成果。

第六篇 section 2 贏家要有資金控管的能力

「自律」是贏家的護身符,資金控管是贏家最重要的守則。

股票實戰中最需要保本,因為股票原本變現性極高,但股票有熱門股與冷門股之分,前者成交熱絡,變現性高,亂買股票、不注重資金控管,將無法攤平或加碼,影響操盤績效。

人性不敵「八二法則」

投資新手進入股市要時時記住:贏家必須有資金控管的能力。因為投資股票是有風險的,尤其它有變現能力的風險,雖然股票原是變現性極高的有價證券,但股票有熱門股與冷門股之分。

前者成交熱絡,變現性高;後者成交清淡,變現性低。此外,在崩盤之時,所有股票都賣不出去,變現性等於零。這都是變現能力風險。

散戶玩股票多半賠錢,主要是由於投資策略不對。尤其當持股比例太高、現金掌握太少時,是很冒險的,應變機會相對縮小。一旦行情意外地重挫,就沒有財力攤平或加碼。資金全部套牢,勢必無技可施。

股市有所謂的「八二法則」,也就是說,股市每十個投資人中,玩到最後真正賺錢的只有兩個人,其餘八人都是賠錢。

為什麼大部分人都賠錢呢?主要還是由於操盤者的投資策略不對,其中「個人籌碼」的掌握不當,算是主因之一。

個人籌碼的掌握不當,其實也是出於心態的不正確。人性貪婪、好賭的一面,很容易在股市實戰的階段暴露無遺。

君不見,大部分股友在投資股票初期,都是很小心的。起先都以自有資金的極小比例投入,或賺或

賠，各顯神通。一旦賺了錢，嚐到了甜頭，多半希望用更大的本錢去「倍增」獲利的金額。於是，不知不覺的就會玩上癮，而且投入的資金愈來愈大。

留得青山在，不怕沒柴燒

原本在大盤的初升段，股友還不敢投入太多資金，但到了主升段，便開始「食髓知味」了，甚至擴大信用，一再地提高資金比例。到了末升段、行情最熱時，往往持股滿檔，無法自拔。萬一突發利空，行情提前結束，幾次的小賺，根本抵不上一次的大賠！

信不信？很多人所以作長期投資，事實上是由於來不及停損或躲避，而被長期套牢的。

有人請教經濟學者西卡達，什麼才是股票實戰中最重要的守則？他回答說：「第一是認賠，第二是認賠，第三還是認賠！」

西卡達的意思，主要在強調資金保本的重要性。每當他投入股市在建立一個新的投資組合時，他都要先設定停損點。他甚至為了保障

資金，要求自己每一筆交易的金額，都不超過總淨值的五％。因此他可以把持股比例降到最低點。同時，一旦行情不好，他也不改變準備停損的價位。

所謂「留得青山在，不怕沒柴燒」，如果不慎重看待股票投資的風險問題，不作任何防護措施，一旦長期套牢或賠得差不多了，那可是要花費數倍的時間精神，才能賺回來的。西卡達所以重視認賠，就是為了等待他日東山再起，而不肯坐困愁城。

所以，操盤時切記：贏家要有資金控管的能力，也就是持股比例要低，愈低勝算愈大。萬一行情意外地重挫或大漲，才有機會一再地攤平或加碼。資金全部套牢，勢必無技可施。

Get point!

- 千萬別動用「活命資金」。

- 買股票如品酒，量力而為。

用閒錢投資，才沉得住氣

不要玩融資融券，至少在無壓力的環境下，
投資股票才會快樂自在、輕鬆愉快。

投資人如果用閒錢買股票，就不會有利息、斷頭、還錢的各種壓力。於是在買賣股票的時候，就不會有被迫抽掉資金或認賠、被大行情「洗」掉的困擾，做股票也變得輕鬆愉快了。

不是閒錢投資，易錯失時機

股價要有所表現，必須要有資金持續買進，才能推動股價走揚。當市場資金充裕時，股市就有機會展開一波強勁走勢，這時，只要是具基本面、利多題材、有業績概念的族群，通常會吸引資金投入，造成資金行情。

此外，一般在農曆年前後，因為適逢年終獎金發放季節，投資人資金相對充裕，也會發動一波資金行情，元月時，適逢外資耶誕節假日結束後陸續歸隊，外資開始回到市場投資，在資金回籠下，通常也會有一波資金行情，又稱為元月行

情或元月效應。有人基於財務槓桿原理，利用小資金進行大資本的投資，於是擴張信用，借錢來買股票。其實，這樣是不對的。

因為借錢買股票的人，絕對在投資股票時的態度是一點都不從容的，那就會沉不住氣，不是過早賣出股票，不然就是經常要被迫認賠。偏偏行情的走勢不如他意，剛賣就大漲。所以，只有「閒錢」投資，才不必面對以下的三個壓力：

（一）利息的壓力

美國投資專家對個人理財提出了「投資三分法」的觀念，那就是把個人財富平分為三份，一份存在銀行生息，一份投資不動產，另一份購買有價證券。如果你的錢不是閒錢，那就做不到了。在買股票時也必定使用融資融券。

股市投資人既然使用融資融券買賣股票，就有利息的壓力。如果

你的錢是用來分期付款繳房貸用的，結果你暫時挪用來作買股票用途，到時更有種種利息的壓力必須抽資金，這對你的操盤非常不利。

（二）斷頭的壓力

所謂斷頭就是，融資戶所繳的自備款，因股價下跌達自備款的某一成數時，復華或丙種經紀人不見融資戶補足差額，於是主動把融資戶的股票賣出的行為。

當向復華融資買進股票後，若股價下跌，而且整戶維持率不足百分之一百四十時，如果融資戶沒在三天內補足差額的話，復華會自動把股票斷頭賣出。至於向丙種貸款（這是違法的），當股價跌幅達兩成，投資人如果仍然沒補足差額，就會被丙種斷頭殺出，弄得血本無歸。

（三）還錢的壓力

有借就必須還。復華融資最長的期限是半年，丙種則依雙方的約定。投資人若是向銀行或民間貸款，期限到了就必須償還。

這是還錢的壓力。投資人在利息、斷頭以及還錢的三大壓力之下，情緒容易緊張而做出錯誤的決定。最常發生的現象是，在股價下滑時，因為害怕股價會持續下跌而驚慌地殺出股票。

投資人如果用自有資金買入股票，因為沒有上述的三種壓力，即使股價下滑，較能控制得住情緒，並忍受得住跌價的折磨。所以，我們認為，投資股票最好是利用閒錢；如果可能，也最好不要玩融資融券，那麼至少在無壓力的環境下，投資股票才會快樂自在、輕鬆愉快！

Get point!

- 手中有股票，心中無股價。

- 股票是安全性最高的賭博，不但要有輸得起的氣魄，還有賴思考力與忍耐力的結合。

不要獨押一檔個股

投資理財最忌諱的就是盲目冒進，相信「明牌」、相信主力的人。

視野較廣的投資人，不僅不會把所有的資金獨押在一檔個股上，甚至也不會把股票的投資限定在一個市場裡，以獲取最大的利益、避開某一地區或某一檔個股意外出現的危機或風險。

狡兔三窟，獲取最大利益

一家公司招聘員工，很多人都來面試，通過層層篩選，二十個優秀的年輕人進入最後一輪，只要他們再通過一次筆試就可以進入這家大公司。發到他們手裡的是一份相同的話題，上面有四十道題目，而且涉及面很廣，主教官要求他們在十分鐘之內做完，做完的就是通過者。

他們都很著急，這麼大的考題數量，十分鐘是肯定是難以做完的，所以許多人一拿到試卷便緊張地答起題來。主考官在前面連說兩遍：「請大家先仔細流覽一下試卷，再做題。」但幾乎沒有人聽到主考官在說什麼，他們只是一心想趕緊做完這些題目。

十分鐘很快過去了，大家都還在奮筆疾書。將考卷收上來之後，經理親自閱讀試卷，在這二十個人中間，挑選了四個人的試卷出來，而前面的全部是空白。

其他人的試卷相對來說要好一些，有些人做了一半了，當經理宣佈錄用這四個人時，大家都很驚訝，這時，經理揭露了謎底，原來，祕密就藏在第28題中，它的內容是：前面各題均無須回答，只要求做好最後兩題，落選的人都失望而歸。

這個故事裡的落選者是因為過於盲目，沒有仔細聽主考官的叮嚀，才落選的。這和忙碌地在投資市場中的投資者是一樣的，很多投資者只是一味地將錢投入市場，都

不管其他外在或者內在的因素，最後碰得頭破血流還不知道問題出在哪裡。

實際上，投資理財最忌諱的就是盲目冒進，尤其不可獨押一檔個股。很多相信「明牌」、相信主力的人，最容易獨押一檔股票。

他們的心思就是一旦押對，就發財了！偏偏世上沒這樣的好事，結果經證實這檔股票不靈了，投資人就肯定被套牢了！

但是，如果你肯分配投資，就是分散風險。這一檔股票不行了，可以暫且擱下，還有別檔，不是一樣可以賺錢嗎？

春秋時期，齊國的孟嘗君廣收門客，與一些江湖俠客結交朋友，其中一個門客馮諼為孟嘗君覓得了三處安身之所，報答了孟嘗君對他的知遇之恩。

馮諼為孟嘗君謀劃的安身之後，其實就是狡兔三窟的道理，從投資的角度來考慮，就是不要將所有的雞蛋都放在一個籃子裡，也就是告誡人們分散投資才能預防風險，這是一個屬於投資決策的問題。「分散投資，降低風險」是投資中的不變法則。

其實，不僅不要獨押一檔個股，視野較廣的投資人，甚至也不會把股票的投資限定在一個市場裡，而會採取兩岸三地乃至世界各國股市交叉操作（何處有利就投往何處）的方式，以分散風險，並獲取最大的利益。

Get point!

- 聽明牌進場的人，最容易獨押一檔股票，那注定要輸的。

- 持有股票就像養小孩，不要只寵愛一個，也不要因為養太多而管教不過來。

手中股票不要超過五檔

持股不要超過五檔，超過的話，第六感就不靈了。

有些人抱持的股票過多，當股市急殺時，他要一檔一檔地賣，實在是措手不及了；而當大盤轉好時，他又恨不得集中在能賺的股票上，所以既要靈活又要方便，持股就別超過五檔。

雞蛋何必放在一大堆籃子裡

股市投資，手上的股票種類到底是多還是少比較好呢？基本上是不要獨押一檔，也不要抱持太多的股票。

有些人抱持的股票過多，當股市急殺時，他要一檔一檔地賣，可以說是措手不及了。這是最大的麻煩！散彈打鳥的投資方式，遠不如集中投資來得有力。

投資人若想提高獲利，持有的股票便不宜多過於五種。愈具投資潛力的股票，就應投入愈多的資金；愈少種類的股票，也愈有充裕時間仔細關照。希伯來諺語說：「每個人都應該將錢分成三部分：一部分投資在土地上，一部分投資於商業，一部分留在身邊，以防萬一。」

一般的報章雜誌也常提到「投資理財三分法」，意即三分之一投資房地產，三分之一投資股票，三分之一保留現金。這樣的說法，原則上是沒錯的，它們強調的都無非是「分散投資風險」。

但是，如果談到的是，將股市資金分成十幾等分去投資各種不同的股票，那就不是好事了。

堅持這種投資各種不同股票觀念的，多半是基金公司。許多基金公司的基金經理人（即操盤手）非常執著於分散風險，往往採取所謂的分散投資風險的策略，而隨時擁有數十家，甚至上百家的上市公司股票。

換句話說，也就是不管哪一種類型的股票都買一點。他們認為，如此一來，只要大盤上漲，基金淨值就會跟著上漲，其漲幅也必能與大盤的加權指數相比了。

其實，這是極為消極的操盤策略，同時也是被真正的投資大師所反對的。

例如，擁有數百億美元規模資金的投資大師華倫‧巴菲特，他所持有的股票也不過才十幾種而已，而他的股票價值早就超過臺灣整體的基金規模。

至於世界各國（包括臺灣）的科技新貴，他們所擁有的股票，甚至常常只有一種而已。可見得能賺錢的股票，種類不在多而在精。

所謂投資風險，其實不是看買了多少檔股票，而是看對股票有多少的了解程度與是否具備正確的投資觀念。

散彈打鳥的投資方式，遠不如集中投資來得有力。投資人若想提高獲利，所持有的股票便不宜多過於五種。愈具投資潛力的股票，就應投入愈多的資金持有；愈少種類的股票，也愈有充裕時間仔細關照。

至於手中持股數量種類太多（多得像雜貨店似的），是否真的能分散風險呢？不但不行，萬一有突發狀況，如何順利減碼或出清持股，也成為操作上的難題。

尤其碰到較嚴重的變盤，很可能來不及向營業員報完三分之一的股票名稱，行情表已見一大堆的亮燈跌停了，自己手上的股票成交的卻沒幾家，豈不跺腳？

投資組合的觀念，是來自「雞蛋不要放在同一個籃子」，但分散在一大堆籃子的雞蛋，也確實不太方便。所以，原則上持有的股票應在五種以內。

Get point!

● 子彈不多、戰場太大，是歷來許多名將打敗仗的主因。

要隨時懂得退場休息

買股票一定要懂得必要時停手，退場休息。

買股票一定要懂得必要時停手，退場休息。「高山上玩，有誰能贏？」這是一種警惕！股市有風險，一定要先「止血」、「保命」，碰到危險的局面時怎麼辦？最好就是休息！

高點有風險，要懂得停手

人類的天性經常會偏袒樂觀者，因為樂觀可以給人帶來愉悅的感覺。做一個生活中的樂天派，並沒有什麼壞處。至少樂觀可以讓我們從容地面對現實，尤其是在不如意的時候，樂觀是擺脫痛苦，甚至是擺脫困境的好夥伴。

不過，運用到風險場所、在玩金錢遊戲的時候，就要警惕自己不要過分的樂觀，它可能是一種危險的心理狀態。任何風險遊戲都可以演變出不同的結果，有好的，也有壞的，你不要指望永遠占到好的一面，而遠離不好的另一面。

所以，「保利」、「停損」應該是當務之急！哪怕是放棄最後瘋狂的一點點利潤，也不要在山頂上玩，這時候贏的機率是很低的。即使大盤再上去了，又怎麼樣？往上面走，到底能給你多大的空間？還有多少價差能落入你的口袋？

請不要忘記：樂觀可能是我們在風險市場最大的敵人。如果因為僅僅樂觀而忘卻了危險，遲早是要吃虧的。

日本有一位獨眼龍的部隊將領，叫做「伊藤正忠」，在軍閥割據時代，與敵軍正如火如荼地作戰。戰況非常慘烈，不僅久攻不下，連自己的陣營甚至也岌岌可危。

正在千鈞一髮時，他粗獷的女婿突然衝了出來，在伊藤正忠面前叫道：「讓我出去打！讓我出去跟他們拚命！」

但是，伊藤正忠並不為所動，仍然命令其他的部將帶頭出戰。經過幾天幾夜的猛攻，總算將局面轉危為安。

但是，激動的女婿對伊藤正忠嚷道：「為什麼不派我出去跟他們拚了呢？難道你看不起女婿？或者你不希望女婿搶到頭功？」

伊藤正忠悄悄把女婿叫進他的營帳，拍拍他的肩膀，說：「你有這樣的心志，我很高興。但是！我告訴你，自古以來，在戰場上留名的人，都是把命留下來的人。有命，才可能有名！」

這個故事是說，一旦戰死，就無法功成名就、萬古傳誦，徒然留下遺憾的篇章而已。與其成為烈士，不如先把命留下來，等到較為安全了，再發動攻擊，才能有勝算。

股市的道理也是一樣。資金的投入，需要良好的控管。風險因素，不可不考慮在先。「把命留下來」意即「把現金保留下來」，如果你玩融資或融券，也萬萬不能玩到被斷了頭！

因為一旦被斷頭了，便什麼都沒有了，那還有什麼「錢」途呢？碰到危險的局面時怎麼辦？最好就是休息！買股票一定要懂得必要時停手，退場休息。

一位在股票市場上的長勝軍說，大多數人們投資股票之所以會失利，問題皆出在追高殺低；如果不是出自這個原因，往往則是在高價賣出股票後，便立即再買進其他股票，最後終究難逃慘遭套牢的厄運。這位投資高手的祕訣是「懂得停手」，低價買進、高價賣出，然後停手；等候他心儀的股票再次回到低價區，再低價買進。

Get point!

- 文武之道，一張一弛；買賣股票應忌貪戰、戀戰，更忌打持久戰。適當的休息是為了更好地迎接。

- 聰明的人懂得休息，愚笨的人川流不息。

量價背離，
翻臉像翻書

買股票一定要懂得必要時停手，退場休息。

當某一檔股票的成交量很大時，股價理當跟著上漲才對，可是它偏偏不漲，甚至還跌，這種「價量（股價和成交量）配合不良」的情況，叫做「價量背離」。它表示著行情並不樂觀。

價與量的關係透露著玄機

當某一檔股票的成交量很大時，股價理當跟著上漲才對，可是它偏偏不漲，甚至還跌，這就是異常了，我們把這種「價量（股價和成交量）配合不良」的情況，叫做「價量背離」。出量，股價卻往下，盤勢顯然並不樂觀。

美國華爾街股市有句名言：股市裡充斥著各色各樣的騙子，成交量值是唯一的例外。

這句話說明的是：成交量值不會說謊，它是唯一能代表股市榮枯的誠實指標，因此在從事任何一種技術分析時，不論是移動平均線、MACD、KD線、心理線、寶塔線、黃金切割率，還是RSI、乖離率、ADL，都必須同時參考成交量值的變化，如此才能大幅提高其準確度。

投資人在運用價量變化操作法時，如果股價在上升時，成交量沒跟著放大，反而縮小，表示換手並不積極，後市看跌；股價在下跌時，成交量沒跟著縮小，反而放大，表示持股信心不足，這就是價量背離的現象。

股票的「價」與「量」的關係，就像人的身體一樣，骨骼與肉體結合在一起。骨骼就像「價位」，肉體就像「量能」一樣牢不可破。

價位要大漲，就必須量能的活動力充足。有了量能的活動力，價位才能推動，正如魚在水缸活動與

池塘活動，相信池塘的魚一定是肥壯又結實。沒有量能，價走不穩；價要動，沒有量能來推升，一定也沒有勁兒。所以，量是價的先行指標。有什麼樣的量，大概就有什麼樣的價。所以，成交量一向都走在股價的前面。

價量背離有六種情形特別需要當心：量增價跌、量減價漲、量平價漲、量平價跌、漲停量平、跌停量縮。這都是不正常的訊號，表示行情隨時會反轉。

股價在上升時，成交量反而縮小，這表示換手欠積極，往上推升力道不足，後市看壞。而股價在下跌時，成交量反而擴大，這表示持股人信心不足，紛紛殺出持股，一段期間內股價將持續下跌。這是價量背離的情況，應賣出。

而當股價在下跌時，成交量不但沒跟著縮小，反而放大，這表示持股者信心不足，能賣的都想趕快賣，這麼一來，至少有一段時間內股價都要持續下跌了。

在上升行情的末升段，股價不斷創新高，可是成交量不增或反而

減少，或是股價原地踏步，而成交量卻暴增，這也是價量背離的現象，應賣出。

像以上這種種股票的表現情況都是價量背離的現象，是個惡兆，這檔個股不宜久留。過去的經驗教訓告訴我們，它今後的走勢將「翻臉如翻書」一般。

股市還有一句名言：「是頭不是頭，看量就知道。」這是指成交量是判斷股市行情的一個重要指標。技術分析專家擅用量、價、時、空四個因素剖析行情，而其中又以前兩者為最重要。「量大不漲，股票要回頭。」這句名言，應是價量背離最好的寫照。

Get point!

● 價跌量大，顯示後市看淡、有人大量拋出，千萬不要急著介入。

● 從量價關係掌握主力進出，籌碼會說話，不要被新聞牽著鼻子走！

不要去碰地雷股

經列為全額交割的股票，都是營運已出現危機的公司。

有問題的股票，諸如因財務惡化而破產、遭銀行列為拒絕往來戶、公司淨值低於實收資本額的一半、被法院裁定重整、董監事持股不足、公開說明書記載不實等，都是地雷股。

茂德的啟示

臺股「茂德科技」在二〇〇〇年二月十七日因ECB到期，未如期向櫃買中心提出償債計畫，櫃買中心決定自同月十九日起變更交易方式，打入全額交割股，當時引起市場訝異，同月十八日早盤開盤跳空重挫跌停，委賣單逾47萬張高掛，投資人一片哀嚎。

那天，該股跳空跌停重挫，連兩個交易日跌停，市場賣壓傾巢而出，一開跌停委賣掛單即近40萬張，盤中持續增加，高達47萬張，由於全額交割將影響該股未來的流通性，恐慌性賣壓雖大增，但根本賣不出去，前幾天進場的投資人，就是踩到了所謂的「地雷股」。「地雷股」就是有問題的股票。我們從不停閃動的電動行情揭示表上，會看到臺灣上千支股票當時的成交價，較高者是三位數，一般都是兩位數，只有少數是個位數。

這些股價是個位數的股票，除了少數基金股之外，就是全額交割股。有些新手不明究理，看到全額交割股最便宜，就去購買，其實它們都是有問題的股票，少碰為妙。

股票上市公司，因財務惡化而破產、遭銀行列為拒絕往來戶、公司淨值低於實收資本額的一半、被法院裁定重整、董監事持股不足、公開說明書記載不實等，經證券交易所核定後，改列為全額交割股。經列為全額交割的股票，都是營運已出現危機的公司，不但必須變更交易的方法，而且還必須冒下列的風險：

（一）重整成功者不多

根據統計，近幾十年來被證券交易所核定為全額交割股的上市公司，重整成功者並不多，所以可別冒這個危險。踩到了這種「地雷股」，將後悔莫及。

（二）會被以分盤交易處理

被列為全額交割股的公司，若經營狀況長時間仍未能改善時，會遭證券交易所給予「分盤交易」的處分。分盤交易有別於正常交易。正常的股票交易，乃是在四個半小時的營業時間裡，透過電腦自動撮合；而分盤交易，則是每天僅分為兩盤，只在九點半及十一點半進行兩次的人工撮合，成交的機會很少。

（三）不容易成交

一般全額交割股的成交量與成交筆數都很少，買進之後要賣出並不容易。

（四）末升段行情

臺股每次的上升行情都可以分為初升段、主升段以及末升段。在初升段與主升段中，投資人大都會挑選績優股。到了末升段，由於績優股漲幅已高，儘管也會輪到全額交割股上漲，但如果在這時介入，很容易被套牢。

（五）勒令下市

長期經營不改善的全額交割股，如果長期經營不改善，除了會被改採分盤交易之外，還會被勒令下市。同時，當這些公司出現不利的消息被曝光或公布，很有可能引起股價的更進一步下跌，甚至勒令下市！股市新手不可不慎！

Get point!

- 永不碰全額交割股，贏固然好，待下市的時候，用來當壁紙還嫌髒呢！

- 投資股票不要超過可承受損失的能力，對全額交割股更要小心。

順勢而為，還是逆向操作較好？

大跌勇敢買，大漲捨得賣。這就是逆向操作。

順勢而為，是一般的操作原則，也是買賣股票的鐵則。這是不會錯的。但是股票也有特殊情況，尤其在轉折點的時候，千萬不可墨守成規，一定要有超俗的贏家思維，那就是「逆向操作」。

因勢利導，兩種思維並不衝突

大多數的投資專家都說：「要順勢而為，不做逆勢單。」這種說法，是強調趨勢的重要性。畢竟當「趨勢」已經成為你的朋友，那你又為何要逆勢操作呢？

趨勢不容易改變，一旦改變，短期不容易再改變。股市循環一再重演，有其軌跡可循，一時的非理性終究歸返於趨勢。所以，結論是：不要跟行情作對。

然而，股神華倫巴菲特說：「當人們開始貪婪時，你要開始恐懼；而當人們開始恐懼時，你要開始貪婪。」這句話的意思就是說：當多數人看好時，行情可能變壞；當多數人看壞時，行情卻可能轉好。因為最大的利好是跌過頭，最大的利空是漲過頭。也就是說，利多出盡是利空，利空出盡是利多。股票常常在猶豫中上漲，叫好聲中下跌。

在這種說法下，「逆向操作」就很重要了，因為贏家的操作守則往往是：大跌勇敢買，大漲捨得賣。

我們常說「大盤最大」，意即大盤的起伏就是一種趨勢。從事證券投資的人，不可與趨勢背道而馳；唯有順勢而為，才會事半功倍。那「逆向操作」豈非矛盾？不是的，我們想要靈活操作股票，就必須因勢利導。

當股市加權指數或成交值頻創新高時，群賢畢至，少長咸集，人

氣鼎沸，往往行情已步入高檔的階段，由於接踵而至的股友太過於樂觀，通常會進入末升段走勢。相反的，當媒體一直在報導股市大跌或頻創新低量時，往往也正是另一波段開始的訊號。

但是，由於臺灣股市的規模愈來愈大，一些老式的行情研判指標已經失靈，新的指標也建立起來了。如果投資人仍然用傳統看指數變化來做股票的老方法，便很容易陷入研判行情的死胡同。

事實上，很多股票和指數的漲跌根本沒有很大的關係，在指數還沒有出現重大轉折之前，焦點其實應該放在個股上，在操盤時才不會有所偏頗。很多股票和指數的漲跌根本沒有很大的關係，在指數還沒有出現重大轉折之前，焦點其實應該放在個股上，在操盤時才不會有所偏頗。大盤需要尊重，個股需要關心，兩者務必相輔相成，然後操盤才有精準度。

在熊市中，今天的反彈往往是為明天進一步下跌作準備；牛市中，今天的下跌是為明天的進一步上漲而設。前者是跌太多太急的緣

故，後者是漲太快太多的緣故。兩者都處於不可逆轉趨勢中，是短暫現象。市場上其實只有一個方向，不是「多頭」也不是「空頭」，而是「對的」方向。

所以，我們的結論是：該順勢而為的時候，就要順勢而為；該逆向操作的時候，就要逆向操作！

「上漲、下跌」往往就在一瞬間，成功永遠屬於少數人！錯過行情啟動機會的人，永遠是股市中的失敗者。面對忽漲忽跌的大盤，你是否依然能準確捕捉個股的贏利機會呢？其實，真正的機會從來就沒有缺少過，我們應該學會做一個善於逆向思維的聰明人，用與眾不同的方法去順應市場，去把握賺錢的機會。

Get point!

● 如果「趨勢」已經成為你的朋友，那你又為何要逆勢操作呢？不要跟行情作對。

出手之前先訂下停利與停損點

小賠出場，是買錯股票最好的立即處理方法。

買進股票，事先設定一個百分之三十的停利點和百分之十的停損點，是出手買賣股票前必須自律的法則，這樣近乎機械式的操作，反而可以克服一些因人性貪欲過多而造成的虧損。

進三退一，停利停損兩相宜

有一個中國人和一個美國人，同在某個大城市的一家公司上班，職位相同，薪資相同，然而所過的生活卻迥然不同。

那位美國人在他上班一年後，用所賺的薪金分期付款買了一套非常漂亮、舒適的房子，日子過得稱心如意；而另外那位中國人，卻是租住在一棟非常破舊的公寓裡，房子又黑又小又舊，彷彿稍微用力一點，整個房子就會倒塌似的。

那位中國人省吃儉用，他告訴自己，等到賺夠了錢，就一定要買

棟漂亮的房子，讓自己住得舒服一點。二十年後，他終於如願以償，在那位美國人所住的公寓裡買了一套與他一樣漂亮的房子，與美國人毗鄰而居。

結果不幸的是，那位中國人住進新房子還不到一年，就因多年來營養不良、積勞成疾而撒手西歸。這就是中國人的悲哀，也是東方人與西方人最大的區別：西方人比較懂得「把握現在，及時行樂」的人生態度。

投資股票的人，也需要這種停利的本領。當我們選到一檔好股，如果不適時停利，說不定就會徒勞無功，因為股票能上也能下的。所謂「過了這個村，可沒有那個店了」。所以，在賺錢時，應懂得「定點了結」。

所謂定點了結，就是「設立停損點」。當買進股票以後，立即設

立一個停利點，當股價上漲至此一定點時，馬上賣出，獲利了結的意思。

那麼，要如何設立了結的定點呢？主要根據技術分析上的壓力帶為賣出的定點。從股票的技術分析而言，通常股價上揚至壓力帶時，會遭遇龐大的賣壓。倘若能有效突破壓力帶，將會有另一段漲幅，那就應持股抱牢；倘若無法突破壓力帶而被打回時，即應賣出股票，定點獲利了結。

除此之外，我們還必須懂得「設立停損點」。所謂「設立停損點」，就是買進股票後，立刻設定一個認虧的停止損失點，當股價下跌到此一停損點時，毅然賣出，認賠了事的意思。

那麼，要如何設立停損點呢？不妨依據技術分析上的支撐帶為停損點。從股票的技術分析來說，通常股價滑落到支撐帶時，應可吸引一些買盤，使股價有了支撐。如果股價能止跌回穩，就該持股抱牢；如果股價跌破支撐帶，就會有另一段跌幅，這時為了降低風險，最好立刻賣出股票，認賠了事。

股市新手不十分懂得觀察出壓力帶或支撐帶，也沒關係，不妨採用「進三退一」的操作方法，來停利或停損。「進三退一」方法很簡單，買進股票後，只要上漲三成即獲利了結；只要下跌一成即認虧賣出。就是這麼簡單！

設立一個停利點最大的好處，就是不必為預測股價的最高點而煩惱，儘管這種方法也許賣不到最高價，但在股市中，「獲利了結，落袋為安」卻是最令人安心的好辦法。

停損保本，是股市新手必須學會的。當股價跌到停損點時，小賠賣出，保住老本，然後耐心地等待下一個獲利的機會。如果小賠時殺不下手，往往愈陷愈深，到最後就要大賠了。

Get point!

- 多頭走勢與空頭走勢都有人賺錢，唯獨不停利的「貪夫」除外。

謹記擦鞋童理論

號子裡人頭的多寡、新面孔的出現率，
均可以視為市場操作的指標。

股市既然是股市，自然是股友活躍的天地。一旦出現不該出現的人物，表示已經沒有搞頭了。連擦鞋的童子都來買股票，是多頭行情的窮途末路，這時我們應該立刻把股票賣光！

擦鞋童都買股票，準沒好事

擦鞋童理論（shoeshine boy theory），又稱零股理論（Odd Lot Theory）是一九二七年由甘迺迪政治家族的約瑟夫・派屈克・甘迺迪（Joseph P. Kennedy，Sr.）所提出，是一種股市理論，意指當擦鞋童都在討論股票投資的時候，就是股市交易達到最高峰之時，之後就會下跌。

行情總在絕望中誕生，在半信半疑中成長，在憧憬中成熟，在充滿希望中毀滅！當街上的擦鞋童開口閉口都在談股票之時，即表示股價已快走完多頭行情，隨即就是崩盤暴跌了。所謂擦鞋童理論是指股價到達頭部的現象。也就是說，當街上的擦鞋童開口閉口都在談股票之時，即表示股價已快走完多頭行情，隨即就要崩盤暴跌了。這個理論和雞尾酒會理論，有異曲同工之妙。

據說彼得・林區從參加雞尾酒會的經歷上，悟出了「雞尾酒會理論」。他把雞尾酒會中賓客對股票的反應，準確地研判出多頭行情中四個不同階段的演變：

第一階段，彼得・林區在介紹自己是基金經理時，人們只與他碰杯致意，就漠不關心地走開了。

第二階段，彼得・林區在介紹自己是基金經理時，人們會簡短地與他聊上幾句股票，抱怨一下股市的低迷，接著還是走開了。

第三階段，人們在得知彼得・

林區是基金經理時，紛紛圍過來詢問該買哪一支股票，哪支股票能賺錢，股市走勢將會如何，而再沒有人關心明星緋聞或者牙齒。

第四階段，人們在酒會上大談特談股票，並且很多人都反而主動向彼得‧林區介紹股票，告訴他去買哪支股票，哪支股票會漲。

彼得‧林區認為，當人們不再詢問該買哪支股票，而是反而主動告訴基金經理買哪支股票好時，股市很可能已經到達高點，大盤即將開始下跌震盪。

美國的財經專家即以擦鞋童大談股票經，做為股市熱絡到極點的表徵，並發展出擦鞋童理論。

我們若進一步從各方面去分析，就會發現此一理論非常有道理。因為：

（一）如果原本不注意股市的人（例如擦鞋童）都大談股票時，股票已成為全民運動，表示可動用的資金都已經投入股市了，接著因無資金繼續推升股市，股價必跌。

（二）多頭行情走到最後，由於投資人瘋狂總買進時，股價會全面上漲，可是買氣用盡之後，必定樂極生悲、盛極而衰，最後必然走向崩盤一途。

（三）既然到了多頭行情末升段，外資、投信、自營商、大股東以及穩健的投資人全跑光了，剩下一些不怕死的散戶投機客，行情當然很快就會結束了。

擦鞋童理論中的「擦鞋童」，並非一定指擦鞋的童子而已，它其實是個代名詞，泛指不應與股市發生關係的人。例如學生、和尚、尼姑等都出現在股市，這些學生、和尚、尼姑就是另類打扮的擦鞋童。這時，我們就應該逆向操作，把股票全部賣光！

Get point!

- 當一艘船船位爆滿、不堪負荷時，就容易下沉。股市亦然。

穩穩地賺，好過暴漲暴跌的成績

永遠要以初學者的心態，小心謹慎，穩穩地賺，不要激進，才能成為股市的長青樹。

當你開始賺錢時，恭喜你！但是，絕不可以為股市是個賺錢很容易的地方，也許你只是碰對了時機。永遠要以初學者的心態，小心謹慎，穩穩地賺，不要激進，才能成為股市的長青樹。

積小勝為大勝

股市的錢該怎麼賺呢？這牽涉到投資人的投資或投機心態。

不論是投資或投機心態，我們在操作股票時，固然要順勢操作；但在研判行情時，卻應逆向思考。唯有與眾不同的逆向思考，才會比一般人賺得更多。

在群眾的一片樂觀聲中，高明的投資人反而應該警惕；在群眾的一片悲觀嘆息聲中，卻要勇於承接。這樣，才能獲得大利。

有句話說：「在無人煙處，也

有繁花似錦的山。」股票的投資，穩穩地賺，好過暴漲暴跌的成績，正如股票不一定要追求漲停，只要「漲不停」就夠了。

舉例來說，在某一種情形下，我們對於某一檔30元的股票，認為還可以買；可是當它跌到25元時，卻主張不該買！這是違反邏輯的，卻常是玩短線者的真理。原因何在？時間點不同。正所謂：此一時也，彼一時也。

就以前述30元的股票來說，我們所以認為它可以買，是因為大多數人都認同它的價值，同時也都不肯下車，所以股價勢必持續飆下去。那麼這時30元的股價就是一個安全點。

但是，當股價已滿足大多數人的觀念時（例如已來到4、50元），開始有人要下車了，於是股價開始崩跌，由於獲利回吐的賣

壓太沉重,跌到25元,似乎並未停止。這時,有過去眼見股價狂飆卻買不到股票的人,見獵心喜,覺得25元比他當初30元也買不到的情況大大不同,於是急於承接。不料,卻慘遭套牢。股價一直跌到17元附近還尚未止穩。

所以,由此看來,技術分析非常認同「亞當理論」。因為亞當理論就是「見強搶進,見弱殺出」。所謂「不見兔子不撒鷹!」意思就是說,一定要確認會贏才出手。

亞當理論有一個最精彩的說詞,就是:

「市場就要動了的最好證據是,它已經開始動了。市場正往上漲的最好證據是,它已經開始上漲了。市場正往下跌的最好證據是,它已經開始下跌了。」

由此可知,市場的脈動,從盤面的變化即可偵知。一定要能看懂大盤,否則絕不買賣。

投資人在股市行情走多時,即以多單操作應對,行情走空絕不以多單逆勢對抗。避免過度自信與樂觀,投資人本身的期望不要太高,

一切以盤勢為依歸,順勢而為,才不會在變局時慌了手腳。

很多人(包括股市老手在內)在股市中賺過一兩次錢,就開始把股市投資看得太簡單了,直到遇到盤整或盤跌時,才發現並非如此。所以,我們永遠要以初學者的心態進入股市,步步謹慎才能成為股市的長青樹。

積小勝為大勝,由小富變大富,關鍵就在於能不能穩穩地賺。能穩穩地賺,假以時日,這項目標自然水到渠成!

永遠要以初學者的心態,小心謹慎。

Take a look 重點分析

在這一章中，我們提供給股市新鮮人的都是最切身的操盤必要課程。例如，「上班族做短線，非賠即 」強調的是上班族本來就沒有多少時間可以看盤，即使勉強「偷看」，也未必賺更多，因為多操作並不見得有益。何不如看準趨勢，在能賺的大多頭時期才勇於投入，一年大贏一兩次就夠了。這是針對股市新手的通病而寫的——新手通常是短線密集操作，累積一大堆小贏，不料到最後卻被幾次的大賠給吐光了！不但白做工，還惹了一肚子氣，真是得不償失！

其次，我們要強調的是，作為一個贏家，一定要有資金控管的能力，尤其應該使用「閒錢」投資，千萬不要借錢或標會來買股票。因為唯有用閒錢投資，才沉得住氣、能賺到大錢。然後，我們要告訴新手，你手上的股票不要超過五檔，因為你根本無法關照那麼多個股。同時，也不要獨押一檔個股，否則一旦這檔股票有問題或出了意外，你的投資就泡湯了！

不論你在何時看盤，最重要的是要注重它的體質是否良好？雖然你目前還沒辦法分辨股它的性如何（例如有沒有飆股血統等），但你總知道如何查一查它是否是地雷股吧！千萬要避開有問題的股票，以免將來股票變成壁紙。

本章還把股市新手經常聽到的「順勢而為，還是逆向操作？」的問題，明白地拿出來加以詮釋、分析及引導，讓大家知道，這並非是矛盾對立的思維，只是在行動上有所不同而已，在判斷上其實是殊途同歸的。在操盤時，你可以從量、價兩方面去加以考量，量價齊揚的股票肯定有希望；量價背離時，它的走勢可能就「翻臉像翻書」一樣了。萬一你一點也無法掌握，那就先退場休息、觀望，直到看懂了，再行介入。這樣才能穩穩地賺。穩穩地賺，好過暴漲暴跌的成績。只要一點一滴地賺，由無到有，由少到多，早晚你會成為游刃有餘的頂尖高手！

附錄
股票專有名詞解釋

股票	公司向投資大眾募集資金，所發給的憑證就叫做股票。股票是一種有價證券，是股份公司為籌集資金發給投資者作為公司資本部分所有權的憑證，成為股東以此獲得股息和股利，並分享公司成長或交易市場波動帶來的利潤；但也要共同承擔公司運作錯誤所帶來的風險。
股東	投資公司、擁有股票的人，就是該公司的股東。
股本	公司發行股票所取得的資金。別稱資本額。
股份	股東持有股票的計算單位，臺灣地區一張股票為一千股。
股東會	由股東舉成的會議，可選舉董監事，對決議公司重大事項擁有投票權，每年召開一次。
董監事	董事及監察人的簡稱，由股東選舉產生，董事負責決定公司營運重大事項，監察人負責監督董事決策方向。三年為一任。
董事會	由股東選舉所產生的董事組成的會議，可不定期召開，至少三人，決定公司營運重大事項。
公開發行公司	指股票公開發行的公司。可能為上市公司或未上市公司，若是上市公司，指股票已公開發行且已上市者，另一類則為未申請上市但卻已辦理股票公開發行手續者。所謂公開發行指的是向廣大、不特定的投資大眾公開募集資金，以避免被少數公司壟斷。
承銷	公司發行股票時，委託銀行信託或證券承銷商替公司進行推銷新股票的工作。因承銷方式不同，一般常見的有代銷及包銷等。
代銷	證券承銷商替企業推銷股票，但是不保證一定如數售出，如銷售期間到期卻沒有全部售完，股票將還給發行股票的公司，由發行公司負擔資金募集不足的風險。
包銷	由一家或數家證券承銷商準備充裕的資金向發行股票的公司買入全部的股票，然後依當時的股票行情分批售完。
溢價	高於面額或淨值的價格。
溢價發行	上市公司獲得證管會的核准，以高於面額或淨值的價格辦理公開承銷或是現金增資，即是溢價發行。
增資	上市公司基於業務、投資需求或用於改善財務結構而提高資本額，即稱為增資。
現金增資	公司發行增資股，以現金的方式在市場募集所需的資金，一般依市價發行，因此現金增資多為溢價發行。
市值	股票實際的市價，也就是股價，包括發行公司的獲利能力、市場資金供需等都會影響股票的市價。別稱：市場價值。
淨值	股票帳面上的資產價值。別稱：帳面價值。 簡單的說，就是公司的資本加上累積盈餘或減除虧損後所得到的數值。若要得知每股淨值，則以公司總淨值÷公司發行總股數＝每股淨值。

面額	股票票面上所印製的金額，臺灣的股票無論公司大小，股票面額一律都是10元。 別稱：票面價值。
普通股	股份公司公開發行的股票，持有人擁有該公司固定比例的所有權，權利包括表決權，盈餘分配權、剩餘財產分配權與優先認股權等。
特別股	特別股在分配利得與清算資產時的權益優於普通股股東，但特別股股東無投票權。 特別股，又叫做：優先股。
績優股	每季、每年公佈財務報表時，都能繳出一張亮麗成績單的上市公司股票稱為「績優股」。 依股本的大小，績優股可分為大型績優股與小型績優股。其中，大型績優股不但業績好，公司體質也佳，是長期投資人的不二選擇；而小型績優股同時兼具了股本小、籌碼易於掌控與有炒作題材的優點，所以法人與主力也特別眷顧這類股票。
成長股	業績優異的上市公司股票稱為「績優股」，不過，大多數的績優股由於經營手法穩健，股本龐大，產業臻成熟，所以只能維持於高峰，無法百尺竿頭，更進一步，只有少數「瑰寶」，還能更加精進。這些少數能夠持續成長的上市公司股票稱為「成長股」。
資產股	股票上市公司如擁有可開發的土地或不動產，便稱為「資產股」。 對中國人來說，「有土斯有財」，對地狹人稠、房地產歷經多次飆漲的臺灣來說，這更是真理。所以國人對資產股總是存著一分遐想，使其市價遠超過淨值。但也因為如此，資產股往往也是投機炒作者的對象，使股價暴起暴落。
小型股	所謂小型股，指的是股本在10～18億元以下的小型上市公司所發行的股票。 儘管公司小，卻不一定營運不好。相反的，對投資人來說，因為股本小，在增資配股方面反而有較大的空間。 由於籌碼少，主力多偏好小型股，所以成為飆股的機會大增。
三大法人	法人機構包括政府機關、證券自營商、外資法人、保險公司、投信公司等，而一般我們在股市上常聽到的三大法人是指外資、投信、自營商。三大法人因挾帶龐大資金進出股市，動向因而備受矚目。
投信	主要在募集眾人資金，由專業經理人做有效投資之專業機構，而此所募集的金額又稱共同基金，為投資理財工具的一種。 別稱：證券投資信託公司
自營商	自行買賣上市上櫃公司股票及政府債券為主，需自負盈虧風險，並不接受客戶委託業務，亦不得從事信用交易。 別稱：證券自營商。
承銷商	協助公司上市上櫃的各項輔導以及公司公開發行或增資時，代銷或包銷上市股票。別稱：證券承銷商。

經紀商	俗稱號子。以接受客戶委託買賣有價證券為主要業務,不得自行買賣股票,主要收入來源是手續費或佣金。
大戶	類似主力,就是資金雄厚,進出股票數額龐大者。
主力	指交易金額非常大的投資者,如公司大股東、市場金主及特定操盤人士。
作手	操作股票的高手,通常以大戶或金主互相聯合操縱股價,並從中獲利。
散戶	一般個人戶,且買賣金額不大的投資人。
初級市場	初級市場就是新上市公司將股票賣給投資人,由證券發行人(公司)、購買人(投資人)及仲介機構(承銷商)所組合而成。初級市場,又叫做「發行市場」。
次級市場	指證券發行後買賣交易的市場,一般投資大眾所買賣的股票都是此類。其中又依交易型態的不同,分為集中市場與店頭市場。
集中市場	上市股票在證券交易所以集中競價的方式買賣的股票,稱為集中市場。
店頭市場	為上櫃公司所提供一個公開交易的地方,目前交易場所設在櫃檯買賣中心,又稱店頭市場。
上市	公司向證交所申請股票上市成功,就是上市公司,不過審核的標準較上櫃公司嚴格。上市公司買賣的市場為集中市場。至於「上市股票」,則是指已經公開發行並於集中市場掛牌買賣的股票,公司申請上市須設立達五個會計年度,申請條件較上櫃股票嚴格。
上櫃	向櫃檯買賣中心申請上櫃成功,就是上櫃公司。對於資本額、獲利能力、設立年限等標準均較寬鬆。上櫃公司買賣的市場稱為店頭市場。至於「上櫃股票」,則是指已公開發行但未上市僅於櫃檯買賣中心買賣的股票,公司設立需達三個會計年度。
股市交易時間	目前政府規定交易的時間是:上午9點至下午1點半。開盤時間是上午9點,收盤時間是下午1點半,中間不休息。
證交所	為法人組織,所有上市股票的交易均透過證券交易所進行,交易所只為進行交易制定規則,本身不能買賣股票,也不能決定交易價格。它並接受公司上市的申請上市公司訊息的查證與公開、交易所的監管等。證交所別稱:證券交易所。
證交稅	買賣股票時,賣出股票的一方需按每次交易成交價格課徵千分之三的證交稅。
手續費	證券經紀商受託買賣股票,成交後向委託人收取的費用。費用採彈性,上限為千分之1.425。

股價升降單位	股價升降單位，即股價漲跌之單位。目前股價升降單位規定，已細分為六級：第一級每股市價未滿5元者為一分，第二級5元至未滿15元者亦為一分，第三級15元至未滿50元者為五分，第四級50元至未滿150元者為一角，第五級150元至未滿1000元為五角，第六級1000元以上為五元。
漲跌幅限制	股票的漲停與跌停，以前一交易日收盤價的7%為限，目的在於穩定股價，防止投資人反應過度，造成股價大漲大跌的情況。
漲跌停板	同一交易日中，股票漲跌幅度不得超過前一營業日收盤價格的7%，而這個7%的上限就稱為漲停板或跌停板。
最高價	當天成交價格中，最高的價格。
最低價	當天成交價格中，最低的價格。
開盤價	交易當日第一筆股票成交的價格。
收盤價	交易當日最後一筆股票成交的價格。
成交價	買方欲買進的價位與賣方欲賣出的價位相同，經交易所電腦撮合而成交時的價位，即為成交價。
發行量加權指數	臺灣證券交易所編制，衡量臺灣股市集中市場上漲或下跌的指標。以選樣股票的收盤價格×上市股數÷基期的市價總值×100。
分時加權股價指數	根據計算加權股數的方法，計算出個別時段當時成交價格的指數。
內盤	目前市場上買方所出的買價。
外盤	目前市場上賣方所出的賣價。
內盤交易	以買價成交。
外盤交易	以賣價成交。
買超	買進的數量或金額超過賣出的數量或金額，代表看好該股的人較多。
賣超	賣出的數量或金額超過買進的數量或金額，代表看壞該股的人較多。
掛進	投資人填妥買進委託書，委託證券商按買方價格買進。
掛出	投資人填妥賣出委託書，委託證券商按賣方價格賣出。
敲進	投資人填妥買進委託書，委託證券商按賣方價格買進股票。
敲出	投資人填妥買進委託書，委託證券商按賣方價格賣出股票。
市價交易	未指定買進或賣出的價格，而是依照當時市場公開交易的價格撮合買賣，稱為市價交易。
限價交易	與「市價交易」剛好相反，是有指定價格的買賣。限價交易價格內才買進或賣出，稱為限價交易。又叫做：掛牌交易。
市價委託	投資人照市價委託證券商買進或賣出，直到成交為止。請參閱「市價交易」。

限價委託	投資人照限價委託證券商買進或賣出,直到成交為止。請參閱「市價交易」。
櫃檯委託	投資人親自到證券行向櫃檯人員委託買進或賣出。
電話委託	投資人以電話委託證券商櫃檯人員(證券營業員)掛進、掛出所要買賣的股票。這種委託方式,通常必須是與證券行較熟的客戶,讓營業員一聽電話聲音,立刻可以辨別出是誰,才不會有所閃失。
警示股	交易價或量明顯異常,由交易所公告警示之股票。
全額交割	客戶向經紀商委託買賣時即應繳足金額或股票,也就是買進全額交割股票時要繳足買進價款;賣出時必須先繳驗股票,不得沖銷。被列為全額交割的股票都是財務發生困難或停工的公司,用意在限制其股票的過分流通。
內線交易	個人因職務之便取得公司內部資料,而在公司股票漲跌前先行買進股票或賣出股票,謀取不當利益,稱作內線交易。
成交單位	即股票交易最低股數。現行規定每一成交單位為1000股稱之為「一張」。
零股交易	買賣股票數量不足一交易單位者,即少於1000股。
零股交易問題	買賣零股,指買賣同一種股票未以一千股(一張)為交易單位,而以一股為一交易單位。 例:你在零股交易時間內打電話給營業員,告訴他要買賣哪支股票、數量(如買進聯電250股)成交時間為申報當日的14:30。
盤後交易	指每日收盤後證券依上午集中市場收盤價格進行交易之方式。由於收盤價格係指委託當日上午該證券最後一筆成交價格,若當日上午無成交價格產生時,則暫停該證券盤後定價交易。
含息股票	尚含有股息的股票。所謂股息,一般指現金股息。
含權股票	尚含有股權的股票。所謂股權,一般指股票股利。
現金股利	公司盈餘扣除必要開支後分配給股東,稱為股利。股利以現金的形式發放,稱為現金股利。
股票股利	公司盈餘扣除必要開支後分配給股東,稱為股利。股利以股票的形式發放,稱為股票股利。
除息	公司把現金股利配發給股東時,股票市價將發行公司配給股東的股息價格扣掉,稱為除息。例如台塑當年現金股利2元,除息交易前一日的收盤價為64元,則除息價應為64-2元=62元,這2元等開完股東大會後,就發給除息當日股東名冊上記載的股東。
除權	公司把股票股利配發給股東時,股票市價將發行公司配給股東的股票股利的價值扣掉。例如台塑當年每千股配發160股,除權交易前一日的收盤價為124元,則除權價應為106.5元,其權值為17.50元,此160股等股票印好,在發給除權當日股東名簿上記載的股東。

貼息貼權	除息後，股價下跌，不但未能補回股息差價，還繼續下跌，稱為貼息。除權後，股價下跌，不但未能補回除權差價，還繼續下跌，稱為貼權。
填息	除息後，股價上漲，把除息的差價補回來，稱為填息。除息交易前一日的收盤價與除息價間，留下一個除息缺口，如果除息後股價上升將該缺口填滿，就叫做「填息」。
填權	除權後，股價上漲，把除權的差價補回來，稱為填權。除權交易前一日的收盤價與除權價間，留下一個除權缺口，如果除權後股價上升將該缺口填滿，謂之「填權」。
除權除息基準日	當一公司決定增資配股或分派股利、股息時，需訂定某一日為除息除權基準日，因公司股東名冊常會有所更動，所以以該日為基準日，依該日的實際股東名冊為準分派股利股息。
最後過戶日	基準日決定後，由基準日算起前五日為停止過戶日，以便公司整理股東名冊。通常是在除息（除權日）後的二天。投資人必須在這一天之前完成過戶，否則將領不到股利。
除息日	上市公司為發現現金股利而停止股東辦理過戶前的第二個營業日，在該日以後買進的股票即不能參加除息。
除權日	上市公司為配發股東股票而停止股東辦理過戶前的第二個營業日，在該日以後買進的股票即不能參加除權。
除權行情	當公司宣佈發放的股利很高，表示股票的投資價值也增加，就會吸引更多投資人搶在除權價格降低時買進，使得價格上漲。這種上漲的現象，就叫做除權行情。
除息參考價	前一交易日之收盤價－現金股利之金額。
除權參考價	前一交易日之收盤價÷（1＋配股率），配股利就是公司配發股票股利的比率。
無償配股	股票發行公司，利用股息的一部分轉增資發行股票，依比例配發給公司持股的股東，股東獲取新股無需另繳股款，稱為「無償配股」；此外，公司以資產重估或將出售資產的增值部分，轉入資本公積，然後每年以若干比例配發給公司的持股者，也叫做「無償配股」。
有償配股	股票發行公司辦理現金增資，經股東大會通過並經過主管單位核准，公司股東按一定的比例，繳清認購股票的股款，才能獲得配股的權利，這叫做「有償配股」。
信用交易	即融資或融券，對於想買進股票而資金不足或想賣出股票而欠缺股票的投資人，由證券公司提供資金或股票予以融通的一種交易方式。不同的市場有不同的信用交易型式。一般金融消費有信用卡、個人信用貸款等，而股票的信用交易就是指融資與融券。股票的信用交易簡單的說就是對於想買進股票而資金不足，或想賣出股票而欠缺股票的投資人，由證券公司提供資金或股票予以融通的一種交易方式。

融資	融，就是融通，也就是借的意思；資，就是資金，所以融資就是借錢的意思。投資人預期股價會上漲，卻沒有足夠的資金，於是自備部分資金向證券公司借一定額度的資金先行買進股票。待賣出股票後，再將賣出所得的錢加上利息本金後償算。 別稱：買空、多頭、墊款。
融券	融，就是融通，也就是借的意思；券，就是股票，所以融券就是借股票的意思。投資人預期股價會下跌，因此向證券公司借股票，先行在市場上賣出，賣出之價款則作為擔保品，等到股價下跌才買回股票還給融資機構以賺取價差。
融資餘額	當日收盤為止，融資累計的金額。
融券餘額	當日收盤為止，融券累計的張數。
停資	當股票在以下幾種情形發生時，證交所及櫃台買賣中心得公告暫停該股票之融資交易，稱為停資： 1.股票變為全額交割股。 2.下市。 3.有鉅額違約交割情事。 4.股價波動過度激烈。 5.股權過度集中。 6.成交量過度異常。
停券	當股票在以下幾種情形發生時，證交所及櫃台買賣中心得公告暫停該股票之融資交易，稱為停資： 1.股票變為全額交割股。 2.下市。 3.有鉅額違約交割情事。 4.股價波動過度激烈。 5.股權過度集中 6.成交量過度異常。
融資追繳	授信機構為保障自身利益，在授信期間內融資買進股票需在一定的擔保維持率之下，如果不足規定之最低標準，融資戶必須在三日補足差額，稱為融資追繳。
融券回補	授信機構為保障自身利益，在授信期間內融資買進股票需在一定的擔保維持率之下，如果不足規定之最低標準，融資戶必須在三日補足差額，稱為融券回補。
融券標借	為融資融券交易之融券餘額超過融資餘額時，證券公司於次一營業日或再次一營業日在臺灣證券交易所集中交易市場以公開方式向該種股票所有人標借、洽借或標購等方式取得該項差額股票，以依交割或還券之用，由交易所會同辦理，標借股票之借券費用，最高以不超過該股票標借日之前一營業日收盤價格 5% 為限。

融資償還	融資買進股票,無論盈虧,都必須償還欠款及利息,稱為「融資償還」。融資償還有兩種方式:(一)賣出償還:賣出先前融資買進的股票,以款股來償還融資。以賣出股票得到的股款扣除融資金額、利息及證交稅後,便是融資者能拿回的金額。(二)現金償還:如融資者不想賣出股票,則以現金償還融資金額並支付利息,然後便可取回擔保品(原先融資買進的股票)。
當日沖銷	簡稱「當沖」,也稱為「資券相抵沖銷交易」,是指投資人於同一交易日內,對同一種股票進行融資買進與融券賣出。換句話說,投資人在同一天對同一股票以融資融券的方式買進及賣出,以券資相抵的方式來賺取差價。
空中交易	這是一種非法的股票市場,正當的投資人不應該參與。從前臺灣的部分商人,由於「當沖」遭到禁止,就配合政府合法的措施,自行研擬出一套遊戲規則,就是「空中交易」。所以,雖然有價證券必須在集中交易市場中買賣,但民間也自行籌組了交易市場。為何叫做「空中交易」呢?因為是不必經撮合,直接以買空賣空的方式喊單定輸贏的。
多頭	看好股市或某家公司的行情,預期股票將上漲,所以先買進股票,等到股票上漲再賣出。
空頭	投資人對未來抱著悲觀的態度,預期股價會下跌,所以在股價尚佳時借股票來賣,低價位時再把股票買回來還,一出進賺取差價。
多頭市場	看好股市或某家公司的行情,預期股票將上漲,所以先買進股票,等到股票上漲再賣出,叫做「多頭」。買氣旺盛,股價持續上漲的股票市場稱為「多頭市場」。由於這種揚升的態勢很像牛以雙角往上攻擊的樣子,所以美國稱多頭市場為「牛市」。
空頭市場	投資人對未來抱著悲觀的態度,預期股價會下跌,所以在股價尚佳時借股票來賣,低價時再把股票買回來還,一出一進賺取差價,叫做「空頭」。買氣衰竭,股價持續下滑的股票市場稱為「空頭市場」。因為這種滑跌的態勢很像熊以掌由上往下打壓的樣子。所以美國稱空頭市場為「熊市」。
作多	買進股票,希望等股價上升再賣出賺取價差的行為稱「多頭」。以這種方式操作,便稱為「作多」。 會作多的人,總是看好後市,如果只看漲幾天,就獲利出場,稱為「短多」;如果看好多頭市場一直會很好,於是中、長期持有不肯輕易拋售,則稱為「長多」;如果相信多頭市場無窮無盡,執意作多,則稱為「死多頭」。
作空	與多頭相反,總是先賣出持股、等股價滑跌時再補回的行為稱「空頭」。以這種方式操作,稱為「作空」。會作空的人,總是看壞後市,如果是暫時看壞,稱為「短空」;如果是因為經濟面不佳,股市將陷入長期的空頭市場中,便會長期放空,稱為「長空」。

斷頭	股市行情變動幅度過大，因而造成投資人的保證金不足，又未能於限期內再補足保證金，此時證券公司為確保債權，主動將客戶的擔保品出售或回補的行為。
損益表	表現公司營運狀況賺錢或賠錢的報表。從公司的生意如何（營業收入）？成本多少（營業成本）？花了多少費用（營業費用）？繳了多少稅？最後得出這家公司在某段時間內的淨利（本期稅後淨利）。這就是損益表的主要架構。
現金流量表	可以從中看出一家企業取得現金的來源以及運用資金的方式。包括三部分：營業活動的現金流量、投資活動的現金流量、理財活動的現金流量。
股東權益變動表	從中可得知股東投資此間公司後所享受的權益及賺得的錢。
營業收入	就是一家公司在一段期間內賣出商品或提供勞務的收入。營業收入愈高，表示公司生意愈好。 別稱：銷貨收入、營業額、營收總額、銷貨淨額、營收、收入
營業成本	當公司生產製造產品時所產生的費用，例如購買原物料、包裝、運送等，都屬於營業成本。 別稱：直接成本、銷貨成本、成本。
營業毛利	營業毛利＝營業收入－營業成本。 別稱：毛利、稅前毛利。
營業費用	營業費用指的是公司營運過程中所衍生出來的費用，例如員工薪資、租金等。 別稱：間接成本、銷貨費用、管銷成本、營業支出、營運費用、費用。
營業利益（損失）	營業利益＝營業毛利－營業費用。如果是正數，就是營業利益，反之，則為營業損失。
營業外收支	乃營業外收入及營業外支出相減的結果。所謂『營業外』就是指公司的營業項目以外的活動。例如：利息的收入或支出、投資收益或損失。 別稱：業外支出、非營業支出。
流動資產	包括現金以及各種一年內可以轉換為現金的資產。
長期資產	指投資時間在一年以上，例如購買有價證券、發展新事業等。
固定資產	不容易轉換為現金的資產，包括有行及無形的資產，有形的資產例如土地、機器設備等；無形資產就是一些沒有實體的資產，例如著作權、專利權等。
無形資產	無實體的資產，如專利權、著作權等。
流動負債	泛指一年內即將償還的債務。
長期負債	償還期限超過一年的負債。

資本公積	公司歷年來溢價發行的收入、出售固定資產、資產重估增值、受贈等所產生的收入，都是這家公司的資本公積。
保留盈餘	依公司法規定，公司必須在每年稅後淨利中保留10%為法定公積。另外還有一些歷年累積未分配的盈餘，統稱為保留盈餘。
每股盈餘	本期稅後淨利÷發行股數，數字愈高代表公司能賺到愈多錢。
稅前淨利	稅前淨利＝營業利益＋營業外收益（損失）。可以看出一家公司在繳稅前是否有賺錢。 別稱：稅前獲利、稅前盈餘。
稅後淨利	稅後淨利＝所有收入（營業收入＋營業外收入）－所有支出（營業成本＋營業費用＋所得稅），即一家公司在損益表涵蓋的期間中，公司收益情形的總表現。 別稱：本期淨利、稅後獲利、稅後盈餘、淨利。
股東權益	即股東可享有分配的權利。
純益率	純益率＝（稅前淨利÷總收入）×100%，比率愈高，顯示企業整體賺錢能力愈強。
資產報酬率	資產報酬率＝（稅前淨利÷資產總額）×100%，比率愈高，顯示資產運用的效率愈佳。
股東權益報酬率表	股東權益報酬率＝（稅後淨利÷股東權益合計）×100%，比率愈高表示公司獲利能力愈佳，當然也就愈值得投資。
本益比	本，本金，益，利益，投資者所投入的本金和其所回收的利益的比值。因此衡量股票的本益比＝每股股價÷每股稅後盈餘，通常本益比幾倍為合理並無一定的標準，應比較整體股市及其產業之本益比，不過在相同的情況下，可選擇本益比較低者。
PEGPEG	PEGPEG＝本益比÷預估成長率，以判斷股價的變化和未來成長率是否相符。
流動比率	流動比率＝流動資產÷流動負債，流動比率代表公司以流動資產支應短期債權人的求償能力。流動比率過低，公司可能會發生週轉不靈，但如果比率過高，代表公司短期資金的應用效率較差。
速動比率	速動比率＝速動資產÷流動負債，速動資產包括現金、股票、銀行存款、應收帳款、應收票據。和流動資產的不同為存貨及預付款項。目的在於了解公司以速動資產支應流動負債的償債能力，對公司短期償債能力而言，速動比率較流動比率更有參考價值。
利息保障倍數	顯示公司盈餘與利息支出的比重，利息保障倍數＝稅前淨利＋本期利息支出÷利息支出。一般而言代表公司該比率愈高表示支付利息及償還借款能力較佳。

存貨週轉率	存貨週轉率＝營業成本÷存貨，一般而言該比率愈高，表示公司控制存貨的能力愈好，可避免資金積壓。
應收帳款週轉率	應收帳款週轉率＝營業收入÷各期平均應收款項餘額，應收款項包括應收帳款及應收票據，應收帳款週轉率愈大，表示壞帳的可能性愈小，公司經營績效較佳。
殖利率	殖利率為判別收益的參考標的之一。所謂殖利率即股利除以股價。例如殖利率和銀利息相比，如殖利率高於銀行存款利息，則表示其為值得投資的股票。
毛利率	毛利率＝營業毛利÷營業收入，毛利率愈高表示成本愈低，生產的產品因而較具競爭力，有較佳的成長空間。
淨利率	淨利率＝營業淨利÷營業收入，一般說來公司該比率愈高表示營運結果較佳。
營收成長率	營收成長率＝（當年的營業收入－前一年的營業收入）÷前一年的營業收入，可看出企業營業收入增加的速度。
稅後淨利成長率	稅後淨利成長率＝（當年的營業收入－前一年的營業收入）÷前一年的稅後淨利，可看出公司稅後淨利成長的情況。
技術分析	是相對於基本分析法而言。基本分析著重對一般經濟情況以及個別公司的經濟管理狀況、行業動態等因素進行分析，研究股票價值、衡量股價高低的分析方法；技術分析則是利用歷史資料，來判斷整個股市或某一股票變動的方向和程度的分析方法。就是損益表的主要架構。
K線	一般所說的K線圖，就是用圖表表示股票每天、每週、每月的開盤價、收盤價、最高價、最低價等升跌情況，充分反映股價的變動情形。從K線圖中，可以明顯地看出買賣雙方力量的消長，市場股價的升跌情況。根據K線圖，可以分析判斷股價未來的發展趨勢，進而把握買進或賣出的最佳的時機。
均線	是將過去股價變動的平均值描繪成曲線，並藉以判斷其股價運動趨勢的技術分析法。這種分析方法的基礎是準確的繪製出股價變動的移動平均線。
均線多頭排列	均線的大概特點分多頭排列和空頭排列，多頭排列就是市場趨勢是強勢上升勢，均線在5—10—20—30—60K線下支撐排列向上為多頭排列。均線多頭排列趨勢為強勢上升勢，操作思維為多頭思維。進場以均價線的支撐點為買點，下破均價線支撐停損。
KD值	以當日收盤價除以大盤收盤價之商數來計算之KD。
乖離線	以當日平均數為基準，股價與平均數值間的差距稱為乖離程度，以乖離程度除以平均數值的百分比便是乖離率。乖離率的特性：當股價距平均線太遠時，便會向平均線靠近，但不明示距離多遠，才會向平均線靠近，亦即強勢多頭、與弱勢空頭其股價距平均線的距離，也往往出人意料，乖離率是表現當日。

MACD	在應用上應先行計算出快速（12日）的移動平均數值與慢速（26日）移動平均數值。以此兩個數值，作為測量兩者（快速與慢速線）間的「差離值」依據。所謂「差離值」（DIF）即12日EMA數值減去26日EMA數值。因此，在持續的漲勢中，12日EMA在26日EMA之上。其間的正差離值（＋DIF）會愈來愈大。 反之在跌勢中，差離值可能變負（－DIF）也愈來愈大。至於行情開始回轉，正或負差離值要縮小到怎樣的程度，才真正是行情反轉的訊號。 MACD的反轉訊號界定為「差離值」的9日移動平均值（9日EMA）。至於計算移動週期，不同的商品仍有不同的日數。在外匯市場上有人使用25日與50日EMA來計算其間的差離值。
RSI	目前已為市場普遍使用，是主要技術指標之一，其主要特點是計算某一段時間內買賣雙方力量，作為超買、超賣的參考與K線圖及其他技術指標（三至五種）一起使用，以免過早賣及買進，造成少賺多賠的損失。
波浪理論	股價漲跌係基於買賣雙方供給和需求的變化。由於買賣觀點不同，股票價格乃沒有繼續上漲與繼續不斷的下跌，當然亦不可能永久停滯在某一價位。從理論與現實中可以發現，股價直漲到頭和直跌到底的現象極為少見，在上漲的過程中，亦有幾次與漲勢呈現相反變動的回檔波動；相對的在下跌過程中，亦會有幾次與跌勢呈現相反變動的反彈行情。由於該種波動經常可見，且多有軌跡可尋，波段法則乃因應產生。
趨勢線	隨著股價波動，線形也會不同。當股價持續大漲小回，會出現上升趨勢線；股價大跌小漲，會出現下降趨勢線；如在一定區間小幅波動，則稱為「盤整」。 上升趨勢線：連接每一波段的波點，便可畫出上升趨勢線。股價在漲升時，是沿著上升趨勢線前進的。當股價由高檔回檔至上升趨勢線時，常產生反彈；如果由高檔跌破上升趨勢線，則局勢將改觀。 下降趨勢線：連接每一波段的高點，便可畫出下降趨勢線。股價在下挫時，是沿著下降趨勢線滑跌的。當股價由低檔反彈至下降趨勢線時，常會反轉下挫；如果由低檔突破下降趨勢線，則形勢將逆轉。
壓力	在操作股票時，當股價漲到某個區位時，會遇到無法向上突破，甚至造成股價下挫的障礙，稱為「壓力」。
支撐	在操作股票時，當股價跌到某個區位時，空頭遇到強烈抗拒力道，甚至造成股價反彈，稱為「支撐」。

騙線	你懂得技術分析，主力也懂得技術分析。喜歡用技術分析方法的投資人必須要注意，既然你可以技術分析，主力作手難道不能技術犯規嗎？主力為求達到逢低進貨、高檔出手的目的，可以利用高明的手腕及豐沛的資金操縱股價走向，使線路圖呈現他們想要讓技術分析者看到的模樣，進而受騙上當。這種刻意製造的線型，甚至會帶來誤導效果的線圖稱為「騙線」。
天價與地價	股價漲勢中的最高價格稱為「天價」；跌勢中的最低價格稱為「地價」。
天量與地量	成交量極度放大，稱為「天量」；極度萎縮，稱為「地量」。
反彈與回升	根據艾略特波動原則，多頭趨勢中共有三個上漲波段，分別為初升段、主升段、末升段，每兩個上漲波段之間則各有一次拉回修正波。在多頭趨勢中，每逢修正完畢之後再度上漲，一定能夠再創波段新高點，稱為「回升」；在空頭趨勢中也有兩個主要下跌波，之間夾著一個上漲修正波。這種短、無力的上漲波段稱為「反彈」。
回檔與回跌	在多頭趨勢中的拉回修正波，其目的只在修正過高的技術指標，並適度讓低檔買進的籌碼進行換手，所以其拉回幅度無法跌破前波高點，而且跌完之後將會再大漲一段，稱為「回檔」；適於逢低加碼。至於空頭趨勢中的主要下跌波，通常跌勢兇猛，迭創新低，一旦多頭趨勢末端結束，進入這段時期，最好不要輕易介入，以作空為主；稱為「回跌」。
金字塔操作法	金字塔操作法是幫助投資人克服貪念的一種投資方法。很多古文明都有金字塔建築，但以埃及的金字塔最為著名。雖然金字塔具體形狀各異，但概括來說，如從任何一面來看，都大致呈三角形。所謂金字塔與倒金字塔操作法，便是像金字塔——愈低，斷面石塊就愈多；愈高，斷面石塊就愈少——一樣，分批買進，並隨著股價愈高，買得愈少；股價愈低，買得愈多。
拔檔	如果你買進一檔股票，而且果如預期發動漲勢，當股價上漲一大段之後，似乎面臨壓力而步履蹣跚，或許即將拉回修正，可是你仍然看好它未來的潛力，怎麼辦？那就「拔檔」。
順勢與逆勢	股市中的「勢」，就是多頭與空頭的趨勢。簡單的說，在多頭市場中作多，在空頭市場中作空，便是所謂的順勢；如果在多頭市場中頻頻放空，便是所謂的「順勢」；如果在多頭市場中頻頻放空，空中市場中卻偏要做死多頭，就是所謂的「逆勢」。
套牢	在股市高檔時追漲買進股票，不料局勢急轉直下，股價持續挫跌，想要認賠脫手，虧損金額實在太大，這便稱為「套牢」。 更悲慘的是，股價無量下跌，跌停板遲遲未能打開，就算想停損賣出，也不得其門而入，這可算得上是套牢中的套牢。

攤平	所謂「攤平」，是指訂定一個幅度，隨著股價的下跌，買進等量或更多的股數，以降低持股成本。 攤平法運作的原則，就是要準備充裕的資金，以備一次、兩次或更多次的攤。一般投資人投身股市，如遭套牢，恐怕沒那麼多資金來攤平。縱使投資人將有限的資金預留攤平之用，在行情持續挫跌的時候，恐怕「愈攤愈平」。
加碼	碼，就是籌碼，在買賣操作時，籌碼就是股票。 在金字塔操作法一節中，我們提到隨著股價上升，雖然量減少，但還是要進貨，這種使手中持股增加的動作叫做「加碼」。
停損與停利	買進股票，擬定一個價位或一個價位區，當股價漲到這程度時，便獲利了結，現金落袋，常保平安，別去煩惱局勢拉回遭到套牢。這稱為「停利」。如果預設一個價位或價位區，當股價跌到這程度時，便毅然決然的賣出，將自己的損失減輕到最低的程度。這稱為「停損」。
利多	刺激股價上漲的消息或新聞。
利空	刺激股價下跌的消息或新聞。
軋空	投資人利用融資放空股票，預期股價將下跌，然而遇到股價不跌反漲時，投資人反而被迫必須以高價買回股票回補，稱之為軋空。
多殺多	股市大跌時，多頭（融資投資人）為減少損失拋售持股，因而造成股價加速下跌，稱為多殺多。
區間整理	股價經過一段急速上漲或下跌後，遭遇阻力或支撐，使股價呈現在一個價格區間內小幅度上下變動的現象。
多頭市場	大多投資人看好股市認為股價會上漲的市場，稱為多頭市場。
空頭市場	大多投資人對股市表現悲觀或認為股價會下跌的市場，稱為空頭市場。
丙種經紀人	在證券公司的營業場所附近給客戶作私人墊款、墊股者，雖然是違法，但仍存在於證券市場。
摩根概念股	指摩根史坦利機構再所選擇列入摩根史坦利指數的股票，往往具有指標性的作用。
指數概念股	臺灣加權股價指數的計算方式，是以當日股市總市值與基期總市值比較的結果，因此總市價較高的股票，其漲跌影響指數較大。黨政護盤基金進場拉抬，主要是以指數為焦點；外資法人操作指數期貨，欲拉抬或摜壓指數現貨以套利，自然也必須針對上述這些股票下手。
中國概念股	在中國大陸有轉投資的公司，其轉投資金額較大或者大陸之轉投營收占母公司營收較高者。 所謂中國概念股，是指會受到中國大陸的政策及景氣影響的股票。

外資概念股	外資進入國內股市，已經投資或可能投資的股票。因為外資往往挾帶較多資金，動向備受關注，外資看好的股票常常成為股市的動態指標。
外銷概念股	臺灣地狹人稠，經濟發展是以出口為導向。那些不仰賴內需，而以出口為主要或全部業務的上市公司股票，就稱「外銷概念股」。
集團股	由多家有關聯性的關係企業圍擁著母公司而形成的龐大企業體，稱「集團」；集團成員的股票稱為「集團股」。例如台塑集團股包括台塑、南亞、台化、福懋。遠東集團股包括亞泥、遠紡、遠百、東聯、裕民。霖園集團股包括國壽、國建、匯通銀等。
地雷股	股票中，有些會引發持股危機的，就是「地雷股」。大部分地雷並不是一觸即發的，而是踩到之後再鬆開才會爆發，造成傷亡。在股市中，能造成類似效果的上市公司股票，就稱為「地雷股」。公司每季、每年都會公告財務報表，這就是發現地雷股的最佳工具。平常時候，多注意基本面分析，不要盲目的跟著股價走，才不會誤觸地雷。
超跌股	由於利空消息頻傳，使投資人信心潰散，爭相砍殺，造成上市公司股票的市價跌破基本面，也就是說市價遠低於實際價值，那就可以稱為「超跌股」。但是，從長遠來看，股票的真正價值在於公司資產與獲利能力，雖然在一定時間內，市場的股價會有起伏，最後還是決定於市場供需法則。
補漲股	補漲股，通常只是補漲股，很難變成主流。它多半只有「墊檔」作用。當主流股漲至一定幅度時，投資人開始心生畏懼，仔細觀望，奇怪的是：怎麼還有某些類股在原地踏步？大家才發現有些股票被冷落了，市場過度都把注意力集中在主流股上頭了。於是，在群眾預期心理或主力、法人炒作下，這些類股也跟著上漲，這就是所謂的「補漲股」。
轉機股	基本面不佳的公司，除了主力炒作之外，很難受到投資人認同。但如果整體產業環境轉佳，或因為營運好轉，則可預期未來會漸入佳境。這種上市公司的股票稱為「轉機股」。
大哥大概念股	新興產業如能契合趨勢，且被大眾看好，能沾得上邊的股票的股價就能迅速反映；行動電話執照爭奪戰可確切的證明這一點。 一九九七年第一季，交通部擬議開放行動電話執照，給民間企業經營。因為獲得這執照的好處廣被大眾認同，所以榮電、震旦、遠紡、太電、東訊、葡蜂等上市公司一擁而上。結果，獲選的遠紡、太電、東訊等股票都聞風大漲。
興櫃股票	興櫃股票，就是指已經申報上市（櫃）輔導契約之公開發行公司的普通股股票，在還沒有上市（櫃）掛牌之前，經過櫃檯中心依據相關規定核准，先在證券商營業處所議價買賣者而言。
未上市股票	未上市股票的定義： 未上市股票是指未上市也未上櫃但已公開發行的股票，主要是透過證券商私下議價進行買賣及交割，風險很大。

MEMO

MEMO

MEMO

MEMO

MEMO

最強股票新手入門書：方天龍的新
手買股必備速成寶典 ／方天龍著--
初版. -- 新北市：漢湘文化, 2014.02
　　　面；　公分

ISBN 978-986-225-309-0 (平裝)

1.股票投資 2.投資技術 3.投資分析

563.53　　　　　102027680

最強股票新手入門書

方天龍的新手買股
必備速成寶典

作　　者　方天龍
總 編 輯　吳淑芬
特約編輯　張朝雄、張愛玲
美術編輯　林志鴻
內文校對　李韻如、張朝雄、張愛玲
法律顧問　朱應翔、徐立信
出版發行　漢湘文化事業股份有限公司
住　　址　235新北市中和區
　　　　　中山路二段352號5樓
電　　話　886-2-2226-3070
傳　　真　886-2-2226-0198
總 經 銷　幼福文化事業股份有限公司
住　　址　236 新北市土城區民族街11號2樓
電　　話　886-2-2269-6367
傳　　真　886-2-2269-0299

E-mail: service@168books.com.tw

新版一刷　2014年5月
歡迎優秀出版社加入總經銷行列

香港總經銷　和平圖書有限公司
地　　址　香港柴灣嘉業街12號百樂門大廈17樓
電　　話　852-2804-6687
傳　　真　852-2804-6409

www.168books.com.tw